# Triunfo
*de uma*
# alma

(Recordações das existências de
YVONNE DO AMARAL PEREIRA)

Solicite nosso catálogo completo, com mais de 350 títulos, onde você encontra as melhores opções do bom livro espírita: literatura infantojuvenil, contos, obras biográficas e de autoajuda, mensagens espirituais, romances palpitantes, estudos doutrinários, obras básicas de Allan Kardec, e mais os esclarecedores cursos e estudos para aplicação no centro espírita – iniciação, mediunidade, reuniões mediúnicas, oratória, desobsessão, fluidos e passes.

E caso não encontre os nossos livros na livraria de sua preferência, solicite o endereço de nosso distribuidor mais próximo de você.

*Edição e distribuição*
**EDITORA EME**
Caixa Postal 1820 – CEP 13360-000 – Capivari – SP
Telefones: (19) 3491-7000 | 3491-5449
Vivo (19) 99983-2575 ◯ | Claro (19) 99317-2800
vendas@editoraeme.com.br – www.editoraeme.com.br

RICARDO ORESTES FORNI

# Triunfo *de uma* alma

(Recordações das existências de
YVONNE DO AMARAL PEREIRA)

Capivari-SP
– 2018 –

© 2017 Ricardo Orestes Forni

Os direitos autorais desta obra foram cedidos pelo autor para a Editora EME, o que propicia a venda dos livros com preços mais acessíveis e a manutenção de campanhas com preços especiais a Clubes do Livro de todo o Brasil.

A Editora EME mantém, ainda, o Centro Espírita "Mensagem de Esperança" e patrocina, junto com outras empresas, a Central de Educação e Atendimento da Criança (Casa da Criança), em Capivari-SP.

1ª reimpressão – fevereiro/2018 – de 3.001 a 4.000 exemplares

CAPA | André Stenico
PROJETO GRÁFICO E DIAGRAMAÇÃO | Marco Melo
REVISÃO | Sonia Rodrigues Cervantes

Ficha catalográfica

Orestes Forni, Ricardo, 1947
    Triunfo de uma alma / Ricardo Orestes Forni – 1ª reimp. fev. 2018 – Capivari, SP: Editora EME.
    200 p.

    1ª edição: outubro/2017
    ISBN 978-85-9544-026-5

1. Recordações das existências de Yvonne do Amaral Pereira.
2. Mediunidade. 3. Suicídio.
I. TÍTULO.

CDD 133.9

# SUMÁRIO

Algumas palavras .................................................. 7
Esclarecimentos necessários ................................. 9
Na antiga Pérsia .................................................. 11
Após o suicídio .................................................... 25
No século XVI ...................................................... 35
Século XVII .......................................................... 61
Século XVIII ........................................................ 83
Século XIX ......................................................... 103
Século XIX – Nina – Leila – Dom Carlos Ramiro ....... 117
Século XX – Yvonne do Amaral Pereira .............. 131
Do suicídio e do suicida .................................... 147
Finalizando ....................................................... 193
Bibliografia ....................................................... 195

# ALGUMAS PALAVRAS

NA MINHA HUMÍLIMA OPINIÃO, para emprestar um adjetivo empregado pelo doutor Bezerra de Menezes, o século XX abençoou o Brasil com três esplêndidas mediunidades, três magníficos exemplos de vida.

Ouso dizer mais. Considero que o trabalho realizado por esses três espíritos que o leitor atento já deduziu quem sejam eles, iluminou não só as terras brasileiras, mas o nosso planeta como um todo ao demonstrarem por meio de seus inúmeros exemplos de vida, que a reencarnação é uma verdade que traz em seu bojo a realidade da lei de semeadura e colheita.

Ou, se preferirem as palavras de Jesus: *A cada um será dado segundo as suas obras*.

Obviamente que me refiro a Francisco Cândido Xavier, Divaldo Pereira Franco e Yvonne do Amaral Pereira.

Desejo a sua compreensão para poder escrever algumas palavras simples sobre a figura grandiosa de Yvonne do Amaral Pereira, que teve a imensa força interior para realizar o *triunfo de uma alma* em sua última reencarnação na *Pátria do Evangelho e Coração do Mundo*.

Que possamos encontrar a força necessária nas árduas lutas íntimas que ela enfrentou para superarmos nossos problemas pessoais.

Salve, Yvonne do Amaral Pereira, a heroína silenciosa na definição de Francisco Cândido Xavier!

**Do autor.**

# ESCLARECIMENTOS NECESSÁRIOS

NÃO CONVIVI COM YVONNE do Amaral Pereira. Aliás, na época em que ela estava no apogeu da sua tarefa aqui na Terra, eu só conhecia a doutrina espírita pelo famoso *ouvir falar desse tal de espiritismo*, já que minhas primeiras leituras sobre o assunto se iniciaram a partir do ano de 1972.

Portanto, o material que vai ser exposto aos leitores é fruto da pesquisa realizada nos diversos livros da própria Yvonne, como também em outros autores que sobre ela escreveram, quer seja em livros (poucos), artigos em revistas espíritas e na Internet, todos referenciados na bibliografia que consta desta obra.

A intenção não atingiu o atrevimento de escrever um livro original sobre tão importante tarefeira espírita, mas de coletar vários materiais sobre a mesma trabalhadora e expô-los de maneira a mais didática possível como uma homenagem prestada à *filha de Charles*. Homenagem essa, diga-se de passagem, que mais do que uma gratidão e reconhecimento, é um importante alerta a todos nós viajantes do tempo na estrada evolutiva, sobre a colheita da semeadura que realizamos na posse de nosso livre-arbítrio.

Aproveitamos também a oportunidade para esclarecer que optamos pelo sistema de perguntas e respostas na exposição dos variados assuntos por julgarmos ser essa uma forma mais amena para o leitor.

**O autor.**

# NA ANTIGA PÉRSIA

1) Quem surgiu antes: o ovo ou a galinha?

CALMA! GARANTO QUE NÃO errei o assunto a ser abordado e nem estou sofrendo de um momento de insânia passageira ou definitiva. Posso adiantar, contudo, que essa pergunta já causou muita confusão. Isso porque, os criacionistas, ou seja, aqueles que acreditam que Deus fez o mundo com tudo já prontinho como o conhecemos hoje, respondem que a galinácea veio antes e, depois dela, o ovo que ela própria fabricou.

Já os evolucionistas, ou seja, os que acreditam nas descobertas científicas de Charles Darwin, comprovando que todos os seres vivos evoluem, respondem que o ovo veio antes porque os répteis punham ovos que, sofrendo mutações através dos milênios de mecanismos evolutivos a que o cientista se referiu, um dia deu surgimento à galinha. Sim, meu amigo e minha amiga. A galinha veio dos répteis. Se não acredita, pesquise. Portanto, para eles, os evolucionistas, o ovo veio antes.

Se você está achando esse assunto sem nexo para este tipo de livro, formulo uma questão muito mais fácil: o que veio antes, a causa ou o efeito? Viu como ficou extremamente fácil e, tenho certeza, de que todos concordam com a resposta de que a causa antecede, obviamente, o efeito?

Mas creio que você continua não entendendo o que isso tem a ver com esse livro, e com razão. Por isso vamos à explicação que desejo dar ao introduzir essa nossa conversa: ao invés de falar logo no início sobre todas as dificuldades que Yvonne do Amaral Pereira enfrentou em sua última reencarnação e que é um efeito de causas anteriores pelas escolhas que ela realizou em existências passadas, vamos procurar o início da história que o plano espiritual permitiu fosse conhecida por nós dessa grande vencedora de si mesma. Quando teriam surgido as primeiras revelações sobre esse espírito?

Veja bem: as primeiras revelações que foram permitidas pelo plano espiritual superior!

Muita gente procura por médiuns para saber sobre o seu passado. Temos que fazer algumas considerações sobre essa atitude. A primeira é perguntar como existem médiuns que se propõem a tal atitude, ou seja, sondar o passado de alguém? Sabemos muito bem que as revelações que nascem dos espíritos superiores jamais nos chegam para satisfazer a curiosidade de alguém. Os espíritos elevados não estão à disposição para fofocas. As revelações procedentes deles em relação a qualquer pessoa são espontâneas e nunca provocadas. Por isso, se existir algum médium que se diga capaz de sondar o passado de alguém, cuidado! Se as informações estiverem realmente se originando no plano espiritual, com certeza não serão de espíritos superiores, mas de entidades mistificadoras que se valem da vaidade do médium e da invigilância de quem o procura.

Disse que tinha algumas considerações a fazer: a outra delas é perguntar que médium compenetrado da responsabilidade mediúnica se colocaria à disposição para sondar o passado de quem quer que seja?

Mais uma coisa: se o esquecimento nos foi dado como um mecanismo para suportarmos o presente da nossa existência sem nos lembrarmos das quedas do passado, por que mexermos com aquilo que está repousando em nosso inconsciente por um ato da misericórdia divina?

E tem mais: o espírito não regride como nos ensina a doutrina espírita. No máximo estaciona. Para que mexermos com o passado se somente fomos seres piores do que somos hoje? Quer saber como você foi no *ontem* das suas existências? Tenha a coragem e a honestidade suficientes para se analisar no momento presente e a sua consciência lhe fará um relato pormenorizado do que deve ter sido em vidas passadas. Não sei se valerá a pena, mas se assim desejar...

Chico Xavier ensinava que a maioria dos encarnados no planeta Terra, que é um mundo de provas e expiações, foi gente importante no passado. Importante sob o ponto de vista material. Ostentamos títulos de nobreza, fomos gente de muito dinheiro, ocupamos posição de importância entre os homens, detivemos muito poder, transitamos por posição de mando, com a mais absoluta certeza. E para arrematar, o Chico dizia: os que foram espíritos realmente bons, que vivenciaram a humildade, que aceitaram a posição subalterna, que passaram sem ser percebidos pelas glórias do mundo, esses espíritos hoje estão em planos mais elevados da espiritualidade enquanto nós, as figuras importantes do passado que procuramos descobrir quem fomos e onde estivemos, continuamos na retaguarda da evolução exatamente por termos sido gente de grande importância entre os homens e derrotados pelo orgulho, pela vaidade e pelo egoísmo.

Tudo isso para justificar que o que nos foi permitido ser revelado sobre Yvonne realmente veio de espíritos superiores e, portanto, digno de total confiança. Por isso, aproveitemos as lições preciosas como se fôssemos os melhores alunos da escola da vida. Quem de nós estará imune de cometer os mesmos erros ou até piores do que ela cometeu? Então, a receita que ela irá nos dar deve ser seguida à risca.

2) E ENTÃO, QUANDO SURGIU A PRIMEIRA NOTÍCIA SOBRE YVONNE E QUE FOI PERMITIDA A SUA TRANSMISSÃO PARA NÓS PELA ESPIRITUALIDADE SUPERIOR?

Depende. Você prefere essas notícias em doses homeopáticas ou tudo de uma só vez? Como não devemos ter pressa em conhecer todas as batalhas por ela enfrentadas no século XX, vamos nos valer do método homeopático.

Aí vai a primeira: Yvonne teve uma reencarnação na Pérsia (atual Irã) no primeiro século da era cristã e tinha o nome de Lygia.

Se você está pensando que ela morreu como um dos mártires do cristianismo, errou! Muitas pessoas perguntam como um espírito que como ela reencarnou no Brasil, pode ter tido uma existência em local tão longínquo.

Lembramos que o espírito é cidadão do Universo, que é a casa de Deus. Ele pode ocupar nessa casa o local mais adequado para realizar a sua evolução. Os espíritos que estão vinculados ao planeta Terra podem renascer em qualquer país. E a história conhecida de Yvonne começou na Pérsia. Mas não foi lá que ela nasceu naquela reencarnação.

Vamos à segunda notícia dela nesse mesmo país: Yvonne era uma mulher grega lindíssima na flor dos seus 17 anos! De tipo claro, tinha a pele que lembrava a porcelana mais fina e delicada. Corpo esguio, bem proporcionado. Dir-se-ia tratar-se de uma escultura grega. Os cabelos louros e fartos escorriam-lhe sobre os ombros. E para completar sua face angelical, dois olhos azuis como pedaços do infinito arrematavam aquela obra-prima da beleza feminina.

Terceira dose homeopática: foi dada de presente de aniversário a um monarca terrível conhecido como Sakaran!

E a pergunta que logo surge é a seguinte: então Lygia (Yvonne) era uma escrava?!

Não, não era. Além de ser uma mulher grega e não persa, tinha títulos adquiridos de cidadã romana. Isso a isentava da situação de ser uma escrava de Sakaran. Lygia apresentou-se por livre vontade na festa em que o duro monarca dava em comemoração ao seu natalício. Vocês vão ver o que ela aprontou nessa festa para atrair a atenção do senhor daquele reino. Despertou nele, inicialmente, a fúria que poderia lhe custar a vida, já que Sakaran dispunha do direito de vida e de morte sobre todos os habitantes da região que dominava.

Mas façamos uma coisa. Quem era esse monarca agressivo, duro, bruto, cruel, temido, cujo nome anunciamos anteriormente? Depois retornamos a falar sobre a belíssima Lygia e da sua ousadia perante o aniversariante daquele reino.

3) QUEM ERA SAKARAN?

Sakaran era um impiedoso monarca que reinava com extrema brutalidade sobre o povo sofrido e submetido ao seu jugo. Sua palavra era de vida ou de morte para aqueles que o rodeavam. Era um homem belo, porém, mal-humorado. Tinha de tudo o que bem desejasse, mas exteriorizava uma amargura como se algo lhe faltasse na vida. Dispensava mais atenção aos seus cães de estimação do que às esposas do seu harém, trazidas das diversas regiões da Pérsia e escolhidas a dedo entre as mulheres mais belas do reino. Mas, mesmo assim, essas belezas femininas pouco o inspiravam a uma vida melhor. Preferia entregar-se aos estudos dos ensinamentos dos mais antigos e aos ensinamentos do povo egípcio. Vivia irritado, agressivo, perigoso, capaz das maiores atrocidades contra quem caísse em sua antipatia. Ordenava surras com chicote ou até mesmo a morte pelos meios que entendesse melhor ou que melhor satisfizesse os seus desejos de vingança ou os seus sentimentos de ódio contra quem ousasse cair em sua desgraça. Era extremamente temido pelo povo sob seu domínio. Era temido e odiado na mesma proporção, evidentemente.

 Esse era, em poucas palavras, o monarca Sakaran a quem Lygia havia sido dada de presente na data do aniversário desse homem que completava 45 anos. Apesar da idade que, para a época, podia ser considerada como uma pessoa idosa, ele não tinha os cabelos atingidos pela neve dos anos. Por isso mesmo, era um homem de beleza notável, que o fazia desejável pelas mulheres. Obviamente que além da beleza física, o poder extremo que possuía sobre tudo e sobre todos aumentava ainda mais o desejo feminino. Isso sem considerar a enorme riqueza dos bens que possuía.

4) MAS COMO ACONTECEU ISSO, OU SEJA, LYGIA SER DADA DE PRESENTE PARA ESSE HOMEM COMO SE FOSSE UM OBJETO OU UMA COISA?

Calma que devagar chego lá. Não vamos ter pressa para que tudo possa ficar bem compreendido.
 O monarca tinha um servidor fiel mais velho do que ele chamado Osman. Esse homem havia tido contato com o cristianismo e se convertido a ele em regiões distantes da Pérsia, evidentemente.

Como um bom cristão e amigo leal do poderoso e temido Sakaran, procurava sempre passar alguns conceitos cristãos ao seu senhor. Falava-lhe, com cuidado, sobre a imortalidade da alma e a possibilidade de retornar a um novo corpo físico para viver outras vezes entre os homens.

Sim, porque no cristianismo primitivo a crença na reencarnação era evidente, conforme diversas passagens do Evangelho. Não iremos entrar em detalhes sobre esse assunto porque fugiria ao propósito desse trabalho, que é falar sobre Yvonne.

E esse servidor fiel do temido Sakaran tentava passar alguns conceitos cristãos ao seu senhor com os devidos cuidados para não o ofender, porque se caísse em desgraça perante o monarca, nem ele mesmo seria poupado. É evidente que esse poderoso príncipe não aceitava as verdades que o seu servidor procurava transmitir-lhe, mas as sementes iam sendo lançadas naquela alma revoltada e capaz de atitudes extremadas de ódio para com os seus subjugados.

Acontece que Osman conhecia o pai de Lygia, e a ela própria, porque eles moravam no reino persa há aproximadamente um ano.

5) CONFESSO QUE AINDA ESTÁ CONFUSO COMO ELA FOI DADA DE PRESENTE A ESSE HOMEM TÃO MAU, CAPAZ DE TANTOS ATOS ABOMINÁVEIS CONTRA O POVO SOB O SEU DOMÍNIO.

Como disse anteriormente, devagar chego lá.

Como Lygia vivia na região da Pérsia na qual esse monarca reinava, ela o viu, fortuitamente, em determinada ocasião brincando com os cachorros de sua propriedade e por quem ele tinha muita afeição. Mais afeto do que dispensava à maioria do povo do seu reino. No mesmo instante sentiu por ele uma atração irresistível.

Osman que fora convertido ao cristianismo era amigo do seu pai. Por causa dessa proximidade, Lygia expôs seus sentimentos ao bom homem, que reputou a atração exercida pelo monarca sobre ela como lembranças de outras existências, já que naquela vida não se conheciam.

Torno a lembrar que o cristianismo aceitava a reencarnação e que o cristão Osman, amigo do pai de Lygia e servo do severo monarca, professava tal realidade existente entre os primeiros seguidores de Jesus. Em consequência disso ele deduziu que tamanha atração dela por Sakaran se devia a fatos de outras existências. "Sim! Só essa explicação era possível para compreender tanta paixão repentina." – monologava consigo mesmo, como também expunha esse seu ponto de vista para ela.

Foi então que Osman teve a ideia de *presentear* Lygia ao soberano, não no sentido de apresentá-la ou oferecê-la como escrava, porque ela era grega e com títulos romanos, o que a impedia de ser tomada nessas condições, mas para realizar o sonho da jovem em conhecer o homem pelo qual se sentia perdidamente apaixonada. Ao mesmo tempo, Osman tentava levar algum motivo de alegria para o seu senhor com a beleza da jovem grega.

6) E COMO SE DEU TAL APROXIMAÇÃO, LEVANDO-SE EM CONTA O MAU GÊNIO DE SAKARAN?

Como disse anteriormente, o monarca estava comemorando com toda a pompa que a sua riqueza permitia, os seus 45 anos de idade. A festa era para marcar a data entre os convidados. Bailarinas dançavam ao som das harpas, flautas, oboés e alaúdes. Pratos e jarros de ouro incrustados de pérolas ou outras pedras preciosas desfilavam por entre iguarias finas, frutas, doces e licores variados. Os súditos depositavam riquezas variadas aos pés de Sakaran assentado em uma longa mesa sobre a qual se depositavam todos os tipos de alimentos e bebidas características e próprias para a ocasião. Mas ele parecia insatisfeito com tudo aquilo. Alguma coisa na sua alma o incomodava ou impedia que fosse feliz, mesmo sendo senhor de tudo. Inclusive em relação às mulheres de seu harém, ele mantinha um desinteresse que não era compreendido pela maioria dos homens que as cobiçavam por entre olhares furtivos, já que representavam as belezas mais raras arrebanhadas de diversas regiões do país para sua satisfação. Seu desapego por essas mulheres era tal que chegava a presentear um ou outro visitante com alguma do seu harém quando percebia o desejo incontido de algum homem que lhe caía nas graças. Entretanto, continuava de cenho carregado como se sentisse indiferente àquilo tudo ou completamente desinteressado dessa pompa que o rodeava sem economias.

Foi quando Osman se apresentou ao seu senhor pedindo permissão para trazer-lhe também um presente, dizendo que lhe entregaria uma joia grega de rara lapidação.

Obtido o consentimento, o servidor afastou-se do príncipe.

Sakaran ficou, então, esperando algum estojo ou outro tipo de recipiente que conteria nele a tal joia que lhe seria presenteada pelo seu servo.

Entretanto, ao som de um bailado grego sagrado nos Templos, uma belíssima bailarina seminua trajada de véus transparentes iniciou uma dança enquanto uma chuva de pétalas de rosas caía sobre o soberano.

Os presentes estavam deslumbrados com a beleza da jovem desconhecida que continuava a executar o seu bailado.

Vale lembrar que as mulheres persas eram morenas, de cabelos fartos e negros, olhos da mesma cor e, portanto, a dançarina grega era uma completa novidade, fisicamente falando, a atrair os olhares dos homens boquiabertos e das mulheres invejosas daquela beleza diferente da que elas ostentavam.

Lygia, contudo, propositalmente, parecia ignorar a figura mais importante daquele local, o que acentuou a severidade da face de Sakaran, levando os convidados presentes a temer pela sua reação, conhecido como era pelas suas maldades.

Ela aproximou-se da mesa continuando a sua dança e, atrevidamente e temerariamente, tomou de uma cereja que ali estava em um dos ricos recipientes, mordeu-a retirando uma parte da fruta e, arriscadamente, introduziu o restante na boca do aniversariante!

Já imaginaram a ofensa que esse ato representou para aquele príncipe de sentimentos duros e frios?

Sakaran levantou-se num ímpeto de fúria com todo aquele atrevimento fincando um punhal violentamente sobre a mesa.

Os convivas emudeceram pensando nas consequências imediatas daquele ato inconsequente que poderia inclusive custar a vida da bailarina desconhecida!

Os guardas palacianos se posicionaram aguardando as ordens imediatas para que a fizessem prisioneira e a entregassem ao carrasco para ser chicoteada por sua atitude. Até mesmo Osman temeu pela sua conhecida.

Mas, para surpresa geral, Sakaran sentou-se novamente sem expedir nenhuma ordem contra aquela que se atrevera a enfiar-lhe na boca a outra metade da cereja diante de todos os convidados! E, enquanto isso, Lygia não tomava nenhuma atitude de subserviência em relação a ele, diante do qual todos se dobravam reverentemente respeitosos e temerosos.

A tensão só foi quebrada quando o soberano, vencido por uma força desconhecida, exclama em voz baixa: "Belo presente de Osman!"

A partir desse instante tudo pareceu desenrolar-se como se duas almas conhecidas tivessem se reencontrado em uma nova existência.

Lygia parou de dançar e sentou-se ao lado direito de Sakaran, exatamente o lugar reservado para a escolhida dele e que, até então, estava vazio. Tornou a pegar outra fruta, comeu um pedaço e tornou a colocar a outra parte na boca do príncipe. Olhe a ousadia dela! Não ocorreu nenhuma reação violenta por parte dele como seria de se esperar. Aquele homem extremamente temido parecia ter sido invadido por uma paz e bom humor até então desconhecidos.

Perguntada sobre o que Lygia queria dele se era grega, ela, continuando ousada, respondeu-lhe simplesmente que desejava o seu coração!

Sakaran parecia ter encontrado, inexplicavelmente, a razão para ser feliz.

Dispensou as mulheres do seu harém mandando-as de volta aos locais de origem.

A situação do povo em geral sofreu melhoras evidentes.

Aquele homem antes tão violento fora pacificado pela doçura do seu amor por Lygia.

Osman, aproveitando-se da melhoria do humor do seu senhor, teve a oportunidade de influenciar para afrouxar o rigor de muitas leis que pesavam duramente sobre os moradores daquele reino.

A escravidão de Sakaran ao amor de Lygia tornou-se lenda por todo país. Até os cachorros dele foram esquecidos. Uma criança de apenas 17 anos de idade havia conquistado definitivamente o rude monarca. Ela impôs a sua vontade e ele tornou-se seu escravo. Amaram-se profunda e verdadeiramente.

Contudo, não por muito tempo!...

7) E POR QUE NÃO?! SE TUDO SE ENCAIXOU TÃO BEM ENTRE OS DOIS, O QUE NÃO DEU CERTO?

Pois é. A vida tem acontecimentos inesperados.

Após um curto período de intensa felicidade para Sakaran e Lygia, a tragédia se interpôs entre esses dois apaixonados. Ela morreu envenenada com uma taça de vinho em um festim! O motivo não foi revelado. Alguns levantam a hipótese de uma trama política contra o monarca. Outros falam em vingança das antigas mulheres do harém que foram trocadas por Lygia.

8) E COMO FICOU SAKARAN AO PERDER O AMOR DE SUA VIDA?

O povo que o diga! Ele retornou à antiga violência que o caracterizava.

Aliás, tornou-se ainda mais bruto do que já era. Despejou sobre o povo toda a sua fúria por perder a esposa. Derramou sobre a população do seu reino toda a revolta pela perda da mulher amada. Ordenou a matança de indivíduos suspeitos. Mandou para a forca ou para a tortura ao mínimo sinal de que essa ou aquela pessoa tivesse algum envolvimento com o crime contra sua esposa.

Enfim, Sakaran enlouquece e comete o maior de todos os crimes de sua existência: suicidou-se!

# APÓS O SUICÍDIO

9) E COMO SUICIDA DEVE TER SOFRIDO MUITO COMO ACONTECE COM AS VÍTIMAS DESSA SITUAÇÃO?

O SUICIDA TEM DUAS grandes decepções. A primeira é constatar que não conseguiu aniquilar com a vida, como ele enganosamente desejava. A segunda é perceber que os problemas outrora considerados insuportáveis, se tornaram ainda maiores e piores. E Sakaran não fugiu a essa realidade.

O infeliz que se suicida é comparável a alguém que devendo muito a um determinado banco, resolve assaltar esse mesmo banco para conseguir dinheiro e pagar a sua dívida. Entretanto, na tentativa de assaltar é feito prisioneiro, quando então as suas dívidas se tornam imensamente maiores. A pena que vai sofrer será mais pesada.

Sakaran padeceu o sofrimento da consciência implacável que fazia desfilar diante dele próprio, ininterruptamente, todo o mal, todo o sofrimento que impusera ao seu povo durante o tempo do seu domínio na

Terra. Procurava como louco pelas suas propriedades a sua bem-amada Lygia, sem encontrá-la. Perdera tudo! Absolutamente tudo! Seu poder, seus domínios, o seu grande amor. Por quanto tempo vagou nesse desespero, somente Deus poderia contabilizar.

Como ninguém, absolutamente nenhum ser da obra da Criação fica largado ao abandono, um dia Sakaran viu-se recolhido por entidades desconhecidas que o conduziram de retorno a um novo corpo físico.

10) E EM QUE CONDIÇÕES ESSA VOLTA ACONTECEU? EM QUE LOCAL DO PLANETA?

Aquele que fora Sakaran, o poderoso e impiedoso monarca, retorna como habitante do seu próprio reino, inclusive na mesma cidade onde apenas a sua vontade imperava. A imensa diferença é que dessa vez não era o senhor de todos, mas um mendigo miserável, escravo de senhores tiranos como ele próprio o fora na reencarnação anterior.

Volta ao mesmo local para provar das duras leis que ele havia deixado para aquele povo maltratado, oprimido e severamente submetido à brutalidade do então Sakaran. É paupérrimo, solitário, maltrapilho, vive faminto, sem família e vitimado pela dura provação da lepra! E por causa dessa enfermidade vive enxotado até mesmo pelas crianças, que fogem de sua presença e açulam os cães contra ele com medo de contrair a enfermidade incurável. As autoridades exigiram que ele sumisse da cidade, que fosse para bem longe, viver em cavernas para não contaminar as pessoas sãs. E ele é obrigado a cumprir as ordens fugindo do convívio até mesmo dos animais, vivendo com migalhas de pão que uma ou outra alma boa lhe atira de longe, escondido em uma caverna ou outra destinadas a abrigar os leprosos.

Nessa mesma cidade ele padeceu sob o peso das leis que havia criado em reencarnação anterior. E para intensificar ao máximo seus sofrimentos, sente na intimidade do seu ser a ausência de um amor! Sente saudades de alguém que não sabe definir quem, o que aumenta a sua tortura. Tem a impressão de já ter vivido no luxo dos palácios, os quais apenas contempla de longe, muito de longe! Mas o desejo de amar e ser amado era a sua dor maior. Entretanto, quem haveria de querê-lo com o corpo invadido pela lepra e escondido entre cavernas como perigoso animal?

Assim foi o retorno do suicida e algoz do seu povo, o poderoso e temido Sakaran.

11) Muitas pessoas ao lerem essas linhas podem ter a impressão de que Deus o estava castigando pelos seus desatinos anteriores. O que pensar sobre isso?

Absolutamente, não! Esse conceito de um ser que é pleno amor e que é capaz de castigar, só encontra espaço no temido Deus de Israel da época de Moisés, de seus antecessores e sucessores.

Mas esse Deus vingativo sofre um basta com Jesus que no-Lo apresenta como um Ser de amor a quem devemos chamar de Pai! O Deus de Israel do povo daquela época comportava a ideia de um Ser vingativo, capaz de punir as faltas de Seus filhos com sofrimentos que seriam assistidos por Ele até com prazer. No tempo do olho por olho, dente por dente, esse pensamento poderia ser entendido. No tempo em que o Criador tinha um povo preferido e eleito e mandava passar a fio de espada o povo inimigo. Esse era o Deus criado pela mentalidade do povo daquela época.

Entretanto, veio Jesus e nos apresentou o Deus que é Pai! Que é Amor, como definiu o apóstolo João. Um Deus que não dá um pedaço de pedra ao filho que lhe pede um pedaço de pão. Esse Deus que nos criou não castiga, mas educa como dever de todo bom pai.

Será que existe na Terra algum pai que resolve ter um filho apenas para torturá-lo, para vê-lo sofrer? Ora, se o homem imperfeito como é não tem essa atitude, por que julgar que o Criador castigaria Suas criaturas, até mesmo com requintes de crueldade e de prazer?

Não, Sakaran não estava sendo castigado. Apenas recolhia as consequências dos seus atos com a intenção de ser educado, ensinado que se aquilo não era bom para ele, não deveria fazer o mesmo para os outros. Ele estava aprendendo que devemos fazer ao outro aquilo que queremos que o outro nos faça, como recomendou claramente Jesus.

Esses sofrimentos ficariam registrados na sua memória espiritual no processo de aprendizado que cabe a todos nós realizarmos, e jamais para castigá-lo.

12) E COMO TERMINOU AQUELA EXISTÊNCIA? COMO UM LEPROSO APODRECENDO DENTRO DE UMA CAVERNA?

Como o Deus que Jesus nos revelou é Pai e não um carrasco, o socorro chegou um dia até o antigo Sakaran extremamente necessitado de um apoio.

Um dia apareceu naquela região em que Sakaran, reencarnado vivia, um santo homem simples e pobre que trazia aos desgraçados da vida uma palavra de consolo. Era um discípulo de um *tal* Jesus de Nazaré. O pregador falava manso, mas a sua palavra tinha o poder de penetrar a alma do sofredor.

O antigo tirano do próprio povo ouvia-o de longe, já que a lepra não lhe permitia se aproximar das demais pessoas. Ouviu, ouviu muito. E se convenceu e converteu-se ao cristianismo.

A figura daquele que se imolara por amor a todos os homens, indistintamente, penetrou com força a profundidade da sua alma. Conseguiu deter o pranto e readquirir as esperanças. E embora terminasse seus dias nas cavernas com o corpo corroído pela lepra, entregou-se nas mãos das consolações do Cristo de Deus.

13) E QUANDO RETORNOU PARA O MUNDO ESPIRITUAL, COMO ESTAVA?

Era outro espírito! O sofrimento havia realizado seu trabalho sobre o orgulhoso e temido Sakaran.

Após o consolo do pregador de Jesus entregara-se às leis que até então desconhecia. Encontrara lenitivo para os seus sofrimentos na última existência e conformação para tudo que havia passado.

Aprendera a orar a um Deus justo, misericordioso e bom. Confiava nesse Deus que o bom homem que encontrara a falar a todos de Jesus o fizera conhecer.

E em oração pediu ao Pai novas oportunidades para melhorar-se por meio de novos aprendizados.

14) E FOI ATENDIDO?

Todos somos atendidos quando nos confiamos às mãos d'Ele aguardando os melhores planos para o nosso reerguimento.

Retornou à vida corporal dessa vez em Roma, a cidade dos Césares. É um homem culto, poeta, político, orador, escritor.

Não nos esqueçamos que como Sakaran, apesar da sua impiedade para com o povo, tinha acesso aos estudos que os antigos persas haviam deixado, como também aos ensinamentos do povo egípcio. Não fora num passe de mágica que em Roma apresentava as qualidades citadas. Tudo representa conquistas que nos vêm pelo nosso esforço.

O interessante é que na posição desse político importante, tinha compaixão pelo povo sofredor. Combatia as injustiças na medida de suas possibilidades. O aprendizado como leproso calara fundo no seu ser. Auxiliava a proteger os cristãos como ele. O encontro novamente com as mensagens do cristianismo continua a lhe dar forças para continuar na sua luta evolutiva. Frequentava as catacumbas, o que era uma atitude de grande risco para a posição de alguém importante em Roma. Salvou muitos cristãos da prisão e dos circos romanos em que os mesmos eram martirizados. Enfim, era um cristão amado pelos seguidores de Jesus.

15) Bem, até agora não tivemos mais notícias de Lygia. Por onde será que andava ela?

Na existência dele como suicida reencarnado não se encontraram, mas agora ela era novamente sua esposa.

O amor que existia entre os dois fazia com que ele fosse seu escravo como da outra vez.

Ela é novamente uma bela mulher, porém, ambiciosa, que desejava abeirar-se do trono, vencer, ganhando postos mesmo diante de dificuldades variadas.

Talvez por isso, entrega-se ao adultério, apesar de amar verdadeiramente ao marido bom e exemplar que tem a seu lado.

Ele, entretanto, tem um fim triste. É assassinado por uma escrava a mando do partido político a que pertencia por suspeita de cumplicidade com os cristãos.

De certa forma, mesmo que indiretamente, perde a vida física por colaborar com o cristianismo.

E ela, a antiga Lygia, une-se ao amante e entrega-se aos prazeres que a cidade e a vida romana podem proporcionar, chegando a repudiar os cristãos e divertindo-se no circo vendo-os morrer martirizados.

Mergulhava no comprometimento da própria consciência por atender aos prazeres imediatos da vida material.

16) Mas que coisa incrível! Quando parece que tudo está em condições para que tenham uma vida em que o amor verdadeiro predomine e permita a eles a felicidade possível na Terra, as coisas se desencaminham! Como se desenrola o encontro desses dois espíritos daí para frente?

É, realmente! Parece até que uma má sina os acompanha quando se reencontram. Contudo, não podemos esquecer que somos portadores do livre-arbítrio e a cada um de nós cabe a palavra final.

As situações adversas podem se apresentar, mas cabe-nos contorná-las e superar as dificuldades na medida em que se apresentam.

Dessa maneira, esses dois espíritos voltaram a se reencontrar e desencontrar na esteira do tempo. Quando juntos, parece que encontravam dificuldades que os infelicitavam após período de intenso amor. Quando separados pela barreira vibratória da reencarnação de um deles, sentiam falta um do outro.

O antigo Sakaran conheceu novas posições como príncipe, sacerdote, médico, professor, músico, poeta, artista, operário, amigo dos menos favorecidos pela sorte. Sofreu prisões, perseguições, condenações, injustiças, decapitação, riqueza, pobreza, situações essas que lhe proporcionaram oportunidades de crescimento espiritual. Mas uma coisa sempre permanece: a sua fidelidade à fé cristã!

Como antigo déspota do seu povo na Pérsia vai adiantando-se espiritualmente mais rápido do que o seu amor na pessoa de Lygia.

Ela começa a representar para ele um obstáculo no ritmo do seu crescimento espiritual. Ele, então, refugia-se em claustros, religiosos ou não, para continuar estudando, meditando, dando continuidade ao seu trabalho intelectual e espiritual. Mas pela força de atração que une esses dois espíritos ela o encontra mesmo nesses refúgios para de lá retirá-lo e trazê-lo a novas convivências em que os prazeres materiais predominam.

Muito tempo depois, vamos vê-lo em uma das suas reencarnações na Índia, onde o culto aos valores espirituais era mais adiantado do que no resto do mundo. E nesse país, sua alma cansada das paixões mundanas passageiras e ilusórias, busca intensamente a calmaria da pureza do amor divinizado.

Inicia-se, dessa maneira, no aprendizado que as chamadas ciências secretas lhe proporcionam e familiariza-se com o Além, conquistando elevados postos que pode alcançar o adepto da luz nos templos sagrados da Índia.

Mesmo assim, uma saudade oculta se abrigava no íntimo do seu ser. Sim! Era saudade dela, de sua Lygia de outrora que a Justiça Divina resolvera dele afastá-lo porque ela representava um obstáculo à sua evolução.

Contudo, a partir dessa reencarnação, o antigo Sakaran consegue espiritualizar o amor. Alcançou a evolução em que o amor ao próximo, inclusive a ela, torna-se um amor que vê no outro não mais alguém a quem possuir, ou seja, a uma outra pessoa livre e independente.

Inclusive Lygia passa representar para ele uma irmã muito amada, muito querida, até mesmo uma filha a quem deve auxiliar à custa de qualquer sacrifício para que ela ascenda na escala evolutiva da vida!

E a partir dessa sua vitória como espírito altamente evoluído, ele tem as condições de reencontrá-la para auxiliá-la a caminhar para planos maiores da vida imortal, e assim ele o fará como veremos a seguir.

# NO SÉCULO XVI

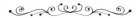

17) Onde estará o redimido Sakaran de séculos anteriores? E Lygia?

VAMOS REENCONTRÁ-LO NO SÉCULO XVI em território francês como um huguenote, que era o termo como os protestantes franceses eram designados pelos católicos na França dessa época.

Nessa existência chamava-se Carlos Filipe II, médico e teólogo luterano que era uma espécie de pastor moderno.

Fazia parte de uma família feliz, composta dos pais e mais outros quatro irmãos do sexo masculino e uma menina lindíssima, o mimo da família, de nome Ruth Carolina.

Carlos também era poeta. Mais do que poeta era uma alma boníssima, que além de atender aos doentes que ocupavam as terras cuidadas pela família gratuitamente, pregava o Evangelho de Jesus a todos os interessados, a todas as almas aflitas que encontrava em seu caminho. Adorava explicar aos sofredores o Sermão da Montanha! Visitava os lugarejos e as aldeias pobres à procura dos enfermos do corpo e do espírito. Por isso mesmo era amado por todos que com ele estabelecessem o primeiro contato. Vivia rodeado por velhos, crianças, mulheres, pessoas humildes e necessitadas que encontravam em suas palavras o conforto de que necessitavam.

Em sua casa instalara uma sala muito grande para receber as pessoas e a elas pregar as verdades do Reino de Deus.

Tinha especial devoção pela irmãzinha caçula a qual ensinara os primeiros passos, as primeiras palavras e até as letras e a música de belas canções, já que era o mais velho dos irmãos e se transformara num segundo pai para a menina.

Ruth Carolina amava e respeitava esse irmão como se fosse o próprio pai. A menina correspondia aos seus ensinamentos devolvendo a educação por ele ministrada com muito amor e carinho, com canções belíssimas que Carlos compunha para ela, cantadas ao som da cítara ou de pequena harpa.

E ele ficava embevecido com a ternura daquela criança que Deus havia permitido fazer parte da sua adorada família.

18) E QUANTO A LYGIA? ONDE ESTARIA ELA A ESSA ALTURA?

Lygia era exatamente Ruth Carolina reencarnada.

Veja bem como é bela a Justiça Divina. Esses dois espíritos que se amaram através dos séculos, agora estavam reunidos no amor fraterno da mesma família consanguínea, já que o antigo Sakaran havia sublimado o amor para com os seus semelhantes. Em seu coração não existia mais o sentimento da posse do outro, mas sim o desejo de fazer a pessoa amada feliz sem nada esperar em troca.

Ele, agora como Carlos Filipe II, irmão da antiga Lygia, amava perdidamente essa irmã com o amor universal com que deveremos nos amar um dia como membros da família universal criada por Deus.

19) BEM, NÃO PODEM VIR A SE AMAR NA POSIÇÃO DE MARIDO E MULHER, MAS PELO MENOS COMO IRMÃOS PODERÃO FAZÊ-LO NA ATUAL EXISTÊNCIA, NÃO É?

Volto a insistir que Carlos Filipe II já havia conquistado o amor transcendental e jamais viria amar àquele espírito de outrora (Lygia ou Ruth Carolina) com o amor assentado na versão humana, que na maioria das vezes não passa de paixão.

Amaria perdidamente essa irmã e aos demais membros da família apenas durante um tempo muito curto.

O destino construído com o livre-arbítrio dos homens afastaria novamente Carlos Filipe II da sua irmã mais nova, Ruth Carolina. E de forma brutal!

20) NÃO É POSSÍVEL! OUTRA VEZ? MAS POR QUAL MOTIVO?

Vamos devagar para entendermos bem o que vitimou esses dois espíritos e o restante da família nessa existência do século XVI em solo francês.

Como dissemos, todos os membros da família de Carlos (ex-Sakaran) eram huguenotes, ou seja, seguidores de João Calvino e, portanto, protestantes.

Lembra-se da Noite de São Bartolomeu quando os huguenotes foram brutalmente assassinados por ordem da rainha Catarina de Médicis? Ela era católica e ordenou o massacre dos huguenotes.

Alguns historiadores consideram que os huguenotes apoiavam os protestos do povo humilde contra a rainha, insensível para com o sofrimento da maioria humilde.

Ela governava para si mesma em primeiro lugar, defendendo o trono para os filhos, e depois para os nobres. O povo que sofresse. Nada a sensibilizava para esse sofrimento. Por isso a maioria vivia revoltada contra a monarca e os huguenotes estavam do lado do povo apoiando os mais fracos.

O executor das ordens da rainha chamava-se Luís de Narbonne, uma bela figura masculina, também conhecida como o Capitão da Fé por conta sua dedicação à religião católica.

Tinha uma dedicação pela sua religião como Saulo de Tarso pelas leis de Moisés. Assim como Saulo perseguia os cristãos, Luís de Narbonne começou a perseguir os huguenotes em nome da rainha. Acreditava o Capitão da Fé estar sendo agradável a Deus com tal atitude.

Naqueles tempos (hoje não?), os atos de espionagem eram frequentes e as denúncias contra os seguidores de Calvino eram inevitáveis.

O Capitão da Fé ficou sabendo que na família de Carlos todos eram huguenotes. Mais do que isso. Ficou sabendo que o bondoso médico e pregador divulgava os ensinamentos contidos na Bíblia sagrada aos mais necessitados. Também ficou sabendo que na própria casa dessa família se fazia reuniões, uma espécie dos cultos atuais nas Igrejas Evangélicas, onde Carlos abordava os assuntos bíblicos à luz do protestantismo nascente.

A família de Carlos era extremamente bem conceituada, não apenas junto aos pobres, mas também junto aos nobres e à corte pelos atos de solidariedade que viviam praticando ao lado do povo humilde que vivia em suas terras.

O pai dele, Carlos Filipe I, tratava os trabalhadores nas suas terras como seus iguais proporcionando-lhes meios de vida digna. E esse comportamento impunha o respeito de toda a família perante os nobres.

Devido a esse fato, para evitar o massacre imediato daquele clã, Luís de Narbonne, o Capitão da Fé, resolveu mandar um emissário seu de nome Reginaldo de Troules, homem de sua confiança, com um ultimato a toda a família huguenote: ou renunciavam publicamente à sua fé ou se retiravam de solo francês e iam para a Alemanha, onde a nova corrente religiosa gozava de maior liberdade.

Carlos, destemidamente pela convicção de que era possuidor, responde ao emissário do Capitão da Fé, Reginaldo de Troules, que um homem de honra não aceitaria uma ameaça daquele tipo e que todos permaneceriam onde estavam.

Ruth Carolina havia se transformado numa moça de beleza invulgar à semelhança de Lygia na Pérsia. O mesmo tipo físico. Loura de cabelos cacheados até os ombros. Esguia de corpo. Pele muito alva. Mãos e pés muito delicados. Mais parecia uma figura de pintura traçada por um pintor apaixonado. Características muito parecidas à bailarina Lygia que conquistara o coração do violento Sakaran.

Diante da decisão de Carlos, apoiada pelos demais familiares, resolveram enviar Ruth para um outro local a fim de salvaguardá-la de qualquer atitude de violência que viesse a recair sobre a família.

Ressalve-se, entretanto, que os varões da família haviam sugerido que as mulheres e crianças partissem para a Alemanha onde um grande amigo — Frederico de G. –, prometido de Ruth Carolina em casamento, os receberia com muita alegria.

Mas as mulheres resolveram permanecer junto aos seus maridos em companhia dos filhos ainda pequenos.

21) E PARA ONDE ENVIARIAM RUTH CAROLINA?

Carlos estava de casamento marcado com Otília, uma jovem pertencente à alta sociedade parisiense e esta abrigaria em seu palácio a futura cunhada.

Acontece que Luís de Narbonne, o Capitão da Fé, não ficou apenas na ameaça, mas cumpriu a promessa.

Em um dia em que Carlos pregava junto aos diversos camponeses num grande salão da sua casa, transformado em uma pequena igreja as bem-aventuranças anunciadas por Jesus, eis que Luís de Narbonne, o Capitão da Fé, chega comandando vários soldados fortemente armados, invadem a casa e matam a todos os integrantes daquela família, à exceção de Ruth Carolina que lá não se encontrava, removida que fora para o local de moradia de sua futura cunhada Otília.

Ninguém foi poupado. Adultos, crianças, homens e mulheres foram mortos a golpes de lanças, espadas, machados e demais instrumentos utilizados para a morte nas batalhas da época.

Carlos adiantou-se à chegada da tropa sanguinária e se ofereceu como o único responsável por aquela reunião em sua casa. Que todos fossem poupados já que ele assumia toda e qualquer responsabilidade por ali estarem estudando a Bíblia.

Porém, tudo em vão. Como resposta recebeu um golpe mortal no peito desferido por uma espada e o seu sangue de mártir do cristianismo escorreu por sobre a Bíblia que tinha em uma das mãos. Todos foram brutal e inapelavelmente assassinados.

O antigo Sakaran dava a vida como testemunho dos ensinamentos de Jesus, juntamente com as demais vítimas!

22) MAS QUEM ERA ESSE HOMEM CAPAZ DE TANTA BRUTALIDADE ASSIM, O DENOMINADO CAPITÃO DA FÉ?

Luís de Narbonne era muito jovem, apenas 25 anos, porte atlético e de semblante carregado.

Estudava Teologia, pois pretendia seguir a vida religiosa, o que o tornava protegido da Igreja católica.

Juntando-se a esse fato o zelo com que cuidava da mesma fé que atingiu o clímax na Noite de São Bartolomeu.

Segundo comentavam, Luís de Narbonne seria filho bastardo do falecido rei Henrique II, marido de Catarina de Médicis, com uma certa senhora de Narbonne pertencente à nobreza.

Naquela época era comum o adultério praticado pela figura real, utilizando-se da sua influência junto às mulheres da corte ou, até mesmo, junto às mulheres mais humildes e que caíssem no interesse da figura do soberano.

Outros já admitiam que o Capitão da Fé fosse o produto do adultério de uma rainha ou princesa espanhola com uma figura importante do clero.

Seja qual for a realidade, a rainha Catarina de Médicis servia-se dos préstimos do Cavaleiro da Fé, porém, não nutria por ele nenhum sentimento de simpatia exatamente pela possibilidade de ser um filho bastardo de Henrique II. Em seu íntimo não gostava dele porque, segundo diziam, Luís tinha pretensões à coroa, o que não era verdade. E naquela época não cair nas boas graças da poderosa Catarina que governava a França com mãos de ferro, não era recomendável nem um pouco. Ao contrário, sempre representava um perigo!

A rainha era uma mulher má, rancorosa e vingativa. Mantinha uma rede de espiões que sondavam tudo o que se comentava e fazia ao seu redor. Uma verdadeira aranha que vivia tecendo a sua teia para capturar e executar os inimigos da coroa ou os que assim fossem suspeitos de ser.

Luís de Narbonne, moreno e forte, por sua origem duvidosa, era um príncipe que foi criado em um convento pelo Monsenhor B., que o considerava como filho do coração. Apesar de sua beleza masculina, não se envolvia com as mulheres, pois, como já dissemos, tinha intenções de seguir a vida religiosa após acabar com os huguenotes, interpretando essa perseguição aos seguidores de João Calvino como um serviço importantíssimo que prestava à Igreja. Era mais um fanático religioso do que um homem mau.

Assim, muito resumidamente, era esse o importante personagem do drama que se desenrolou no século XVI.

23) E A TAL CATARINA DE MÉDICI, QUEM FOI ESSA RAINHA?

Não era uma "tal" como você coloca, não! Era a figura mais poderosa da França naquela época. Governava em lugar dos filhos que ascenderam ao trono ainda menores de idade pela morte do pai, Henrique II, como citamos anteriormente.

Mulher ardilosa, terrível em seus planos, inflexível em suas decisões, maquiavélica, que vivia traçando planos contra as pessoas a quem considerava como inimigas, mantinha uma rede de espionagem para sondar as pessoas que a rodeavam. Era, como diz o dito popular, uma pessoa que desconfiava da própria sombra.

Intimamente não gostava de Luís de Narbonne devido aos comentários que corriam pelos corredores do palácio de que ele representava uma ameaça ao trono francês como um candidato ao mesmo, apoiado como seria por forças contrárias ao domínio dela, inimigos tanto políticos como religiosos, já que o próprio clero daria retaguarda a Luís que estudava teologia com intenção de servir à religião católica, preparando-se para fazer os votos necessários para tal objetivo.

Catarina defendia o trono da França para seus filhos legítimos com Henrique II e Narbonne não passava de um bastardo na visão dela.

Isso viria a custar a vida do Capitão da Fé em condições dolorosíssimas!

24) E APÓS O MASSACRE DOS PAIS DE RUTH CAROLINA, A NOSSA LYGIA DA PÉRSIA, O QUE ELA FEZ?

Refugiou-se na moradia de Otília, a noiva do seu adorado irmão Carlos Filipe II. Ruth estava revoltada com o assassinato de toda sua família por Luís de Narbonne, como viera a saber.

Por sua vez, Otília era uma mulher recalcada por muitas dores que a levaram a endurecer o seu coração. Odiava com todas as forças ao Capitão da Fé que havia assassinado o seu noivo. Como amava a Carlos Filipe, irmão de Ruth com quem iria se casar, Otília encontrou recepção do seu ódio no coração da belíssima cunhada, jovem de apenas 18 anos, e arquitetou um terrível plano para a vingança do massacre de toda a família de Ruth.

Deixaria para a futura cunhada todos os seus bens, inclusive o seu próprio nome, já que estava enferma dos pulmões e pouco tempo de vida lhe restava.

Naquela época em que não existiam documentos que identificassem uma pessoa como nos dias atuais, Ruth Carolina passaria a ser perante todos a jovem Otília, após a sua morte. Ressalte-se também que Otília ainda não tinha sido apresentada à alta sociedade da corte da rainha Catarina de Médicis, não sendo, portanto, pessoa conhecida pela nobreza o que facilitaria a Ruth fazer passar-se por ela.

O objetivo desse plano era vingar-se implacavelmente de Luís de Narbonne! Ele não deveria conhecer o perdão sob nenhuma condição.

Para Ruth alcançar esse objetivo, Otília colocou-a a par da condição de bastardo do Capitão da Fé. Orientou-a para conquistar o coração desse homem cruel que exterminara sua família valendo-se da sua beleza absolutamente perfeita. Luís não resistiria aos encantos de uma jovem mulher extremamente bela. Principalmente ele que era inexperiente na arte de amar, como se comentava abertamente na sociedade de então. Conquistá-lo com a beleza rara de Ruth seria uma tarefa fácil. Após esse intento, ela seria introduzida na corte de Catarina de Médicis.

Nesse meio cheio de intrigas, de traições, de ódios dissimulados, de vinganças planejadas às mãos cheias, ela deveria alimentar os comentários de que Luís de Narbonne representava uma ameaça ao trono dos filhos de Catarina. Esses comentários chegariam com toda a certeza ao conhecimento da terrível rainha, que mantinha uma rede de espionagem em torno de si. Nessa situação conseguiriam, Otília e Ruth, vingar-se do crime do Capitão da Fé por meio de alguma atitude da rainha contra ele.

Ruth ficou tão assustada com esse planejamento que titubeava em aceitar o plano de Otília.

Percebendo o vacilo daquela que teria sido sua cunhada, Otília a faz jurar sobre a Bíblia que vingaria a morte de toda a sua família punindo a Luís de Narbonne pelo crime cometido com tanta crueldade. Esse juramento para Ruth, que era uma huguenote, foi muito sério e severo. Afinal, jurar sob a própria Bíblia era uma palavra que não poderia deixar de ser cumprida, custasse o que custasse!

Quando um ódio alimenta outro ódio, espíritos obsessores se aproximam para insuflar a realização de planos sinistros.

E não foi diferente no caso das duas mulheres. Otília desencarnou carregando intensa mágoa e ódio terrível contra Luís de Narbonne, deixando Ruth impregnada com o mesmo sentimento e com as forças necessárias para levar o plano adiante.

Mais do que isso, criou-se entre ambas uma ligação que nem a morte conseguiria romper. Do mundo espiritual, Otília continuaria a insuflar Ruth para levar adiante a vingança combinada entre as duas.

Estava estabelecido entre essas mulheres um pacto sinistro que custaria muito sofrimento e demandaria longo tempo para serem reparadas as consequências das atitudes que seriam tomadas a partir de então.

25) MAS E AÍ? FIQUEI CURIOSO! COMO AS COISAS TRANSCORRERAM?

Então, vamos caminhar. Numa visita ocasional à cercania do palácio onde vivera Otília, já desencarnada,

Luís de Narbonne, que continuava a caçar huguenotes, viu uma jovem de rara beleza moradora naquele local.

Ele vira, em verdade, Ruth Carolina que tinha o plano pronto para capturar o coração do Capitão da Fé. Ela então provoca um encontro com ares de ocasional entre ela e o oficial fiel à religião que defendia contra os protestantes.

Narbonne a entrevê dentro do palácio e fica fascinado com a beleza deslumbrante da jovem moradora daquele local. Acontecimento que somente ligações de outras existências poderiam explicar, mas o fato é que o coração de Luís de Narbonne fica como que capturado pela imagem daquela jovem encantadora e, daquele dia em diante, passa a utilizar de vários meios para dela se aproximar.

Como exatamente essa era a intenção de Ruth para vingar-se do assassinato de toda a sua família, ela favorece essa aproximação movida pelo ódio que sente pelo Capitão da Fé, insuflada pelo espírito Otília que jurara auxiliá-la na vingança planejada antes da sua morte.

Ruth alimenta os interesses amorosos de Luís de Narbonne cedendo aos seus galanteios e dando início a um relacionamento que tinha por parte dela objetivos nada nobres, pelo contrário, tinha sede de vingança.

Consegue, manipulando a paixão do jovem oficial, aproximar-se da rainha Catarina de Médicis, o que também fazia parte do plano estabelecido com Otília.

Ruth precisava destilar seu veneno contra Luís de Narbonne à própria rainha que já não gostava dessa pessoa pelos motivos anteriormente mencionados.

Entretanto, quando diante de Catarina para insinuar-se na corte, ela é descoberta em seu disfarce como Otília. A sagaz monarca identifica uma semelhança muito grande entre a falsa Otília e Carlos Filipe II, o irmão de Ruth.

A rainha formula a acusação e pergunta a Ruth se ela desejava atentar contra o trono da França com aquela mentira.

Ruth, por sua vez, age rápido e não nega a sua verdadeira identidade à soberana, confessando inclusive de que realmente é uma huguenote. Porém, ressalva rapidamente que a sua intenção é acabar com Luís de Narbone pelo massacre de sua família em sua própria casa pelo fato de serem protestantes.

Catarina de Médicis agrada-se desse objetivo e admite a falsa Otília em seu círculo de amizade porque a rainha também desejava a destruição de Luís que representava, segundo diziam, um grande e real perigo para o trono da França. Só que Catarina confia em Ruth, mas desconfiando, e a coloca sob a vigilância de seus espiões.

A farsa do romance entre Ruth Carolina, a irmã de Carlos Filipe II, e Luís de Narbonne prossegue com um grave problema: ela está também apaixonada por ele. O Capitão da Fé era um homem afetuoso, amável, que a tratava muitíssimo bem, apaixonado que estava por ela.

Contudo, Ruth não abre mão do seu plano de vingança, apesar de súditos mais íntimos dela que conhecem toda verdadeira história a desencorajarem de prosseguir em busca do seu objetivo.

Mas o ódio exacerbado pela influência de Otília desencarnada vence e a linda irmã de Carlos Filipe II prossegue em sua marcha de semear dores futuras em seu próprio caminho.

26) E SÓ A RAINHA DESCOBRE A VERDADEIRA IDENTIDADE DE RUTH CAROLINA, A NOSSA ANTIGA LYGIA?

Não. A vida também tem os seus planos.
Num baile que Catarina de Médicis proporciona na sua corte para introduzir perante os nobres a já esposa de Luís de Narbonne, um oficial de confiança do Capitão da Fé está presente. Por ironia do destino ele é nada mais, nada menos, do que Reginaldo de Troules! Lembra-se dele?

27) TENHO UMA LEVE LEMBRANÇA, MAS GOSTARIA QUE RECORDASSE NOVAMENTE A IDENTIDADE DESSE FIEL SOLDADO DE LUÍS DE NARBONNE.

Então vamos lá. Foi ele quem comandou a entrega da carta a Carlos Filipe II enviada pelo Capitão da Fé, denunciando toda a família como sendo huguenotes e sugerindo a fuga para a Alemanha ou a renúncia pública do protestantismo deles todos.
Acontece que nessa ocasião, enquanto aguardava o retorno de Carlos para a sua moradia a fim de responder à carta de Luís de Narbonne, Reginaldo de Troules conheceu Ruth Carolina que fazia parte da família e chamava a atenção pela sua rara beleza.

Quando ele a viu no baile no palácio de Versailles, prontamente reconheceu a jovem lindíssima e temeu pela vida do seu comandante!

Sim. "Porque ela, Ruth Carolina, uma huguenote, ali estava com outro nome e casada com o Capitão se este destroçara toda a sua família?!" – perguntava-se Reginaldo de Troules. Alguma coisa muito sinistra ele entrevia naquela situação.

28) Meu Deus! Mas que confusão! E qual foi a atitude dele em defesa de Luís de Narbonne?

Não vacilou. Procurou o pai espiritual de Luís, o religioso monsenhor B., que o havia criado, lembra-se? Pois então!

O monsenhor, que já estava desgostoso com a figura de Ruth Carolina que havia desviado Luís da vida religiosa, teve confirmado com a denúncia de Reginaldo de Troules que algum acontecimento terrível deveria estar em curso contra o seu filho do coração engendrado por aquela mulher que era uma huguenote e cuja família havia sido exterminada pelo Capitão da Fé.

Buscou informações nos meios religiosos sobre a verdadeira Otília, que havia ficado por um período em um convento buscando melhoras para a sua saúde e soube que a mesma tinha falecido, o que confirmou ainda mais suas temerosas suspeitas contra Ruth.

O monsenhor, entretanto, não vacilou e partiu direto ao alvo procurando, por meio de uma visita ao filho do coração, uma conversa reservada com Ruth Carolina, aproveitando-se da ausência de Luís que saíra para cumprir alguns deveres. Abre para ela o seu coração e revela a descoberta de quem ela realmente é: uma huguenote, filha de Carlos Filipe I e irmã de Carlos Filipe II!

Para espanto do monsenhor, Ruth confirma tudo, inclusive seu plano de destruir o esposo, mas revela que passara a amar verdadeiramente o marido.

Diante dessa realidade, o religioso a estimula a desistir, a partir para a Alemanha. Se ela verdadeiramente o ama, que o deixe em paz e não consuma a sua vingança!

A jovem argumenta que o marido enlouquecerá com a sua fuga porque ele a ama desesperadamente.

O monsenhor não desiste diante desse argumento e se compromete a dar total apoio ao sofrimento do filho.

Ruth Carolina parece aceder ao conselho do religioso e ele se vai na esperança de que ela realmente cumpra o sugerido: ir embora para outro país e deixar Luís sem prejudicá-lo ainda mais.

29) MAS ELA ESTAVA MENTINDO AO RELIGIOSO?

Infelizmente, para todos eles, sim. Assim que o monsenhor parte, Ruth está decidida a continuar em seus planos de vingança alimentada pela obsessora Otília. Luís de Narbonne, o orgulhoso Capitão da Fé, teria que pagar pela morte de todos os seus familiares! Ela jurara sobre a Bíblia e como uma huguenote não trairia esse juramento.

Retorna muito calma para a sala onde esperava encontrar apenas o marido, mas tem uma surpresa que não esperava.

30)  **Quer dizer, então, que somente o marido não sabia dessa trama toda contra ele?!**

Não sabia até esse momento. Após a sua conversa com o monsenhor B., Ruth Carolina, como se nada tivesse acontecido, retorna ao gabinete de Luís de Narbonne onde espera encontrá-lo para continuar a farsa do seu casamento. Ao adentrar o recinto quem é que ela encontra?

31)  **Quem? Quem? Diga logo!**

Já vou dizer. Lá estavam três pessoas. O monsenhor B., Reginaldo de Troules, o oficial que identificara Ruth Carolina e o próprio Luís de Narbonne! Evidentemente para desmascarar a falsa identidade daquela que se apresentava como Otília.

É impossível descrever com palavras a tragédia dos sentimentos envolvidos naquele encontro inesperado e fatídico.

Ruth mostrava-se inabalável e mentalmente clamava pela presença e ajuda da amiga Otília desencarnada, que imediatamente acorreu ao chamado mental que recebeu, passando a estimulá-la em seu plano de vingança.

Ruth quebrou o silêncio entre os quatro e comprovou tudo o que se passava, não negando nada. Além de confirmar todo o seu ódio pela matança de seus familiares e a intenção de destruir a Luís de Narbonne, confessou também o seu amor a ele.

Anunciou em seguida que iria deixá-lo e a todo aquele local onde vivera até então, alimentando aquela farsa.

Ao escutar dos lábios da mulher amada a possibilidade de abandoná-lo, Luís enlouquece pelo amor que sente por ela! A possibilidade de perder a mulher amada o deixa absolutamente transtornado!

O Capitão da Fé, perdidamente apaixonado por aquela mulher de beleza inigualável, mesmo sabendo de toda a realidade que ela vinha armando contra ele, implorou a ela para que continuasse como sua esposa muito amada. Relevaria toda a mentira até então sustentada em nome do amor que sentia. Chegou mesmo a afirmar, numa fúria desse amor incontrolável, que amava os huguenotes na pessoa dela! Aos huguenotes trucidados na noite de São Bartolomeu!

Disse mais, que não a deixaria partir. Que ela seria prisioneira desse amor invencível. Que era melhor ela prisioneira ao seu lado do que o seu abandono. Estava perdidamente apaixonado...

Otília desencarnada insuflava mentalmente Ruth Carolina, lembrando-a de que as armas que ela deveria se utilizar para vencer seria a dissimulação, a mentira, a intriga para alcançar a vingança em nome de todos os atingidos pelo mal causado por Luís de Narbonne.

E qual a melhor pessoa a quem direcionar as intrigas senão a rainha Catarina de Médicis?

E qual a intriga mais eficaz senão a mentira de que Luís de Narbonne pretendia o trono da França para ele?

32) E aí? Qual foi a reação dela diante desse amor tão grande?

O ódio predominou. Luís de Narbonne tinha que morrer mesmo que ela tenha vindo a amá-lo!
Então, faltava concluir o plano terrível que envenenava a sua mente. Dar o golpe final. E em nome dessa trama terrível, Ruth Carolina finge ceder aos rogos apaixonados do marido transtornado pelo amor. Combina de irem a uma Igreja católica para a devida confissão, já que ela está disposta a renunciar à sua crença protestante e assumir a religião do marido e daí para frente serem felizes para sempre.
Ele, perdidamente apaixonado, aquele coração que nunca conhecera os delírios de amar incondicionalmente uma mulher, aceita com felicidade indescritível a proposta da esposa.
No templo da Igreja de Saint-Germain, eles esperam pela confissão trajados de roupas discretas.
O confessionário aguardava por um dos membros do casal. Ele cede lugar a Ruth Carolina, mas ela se esquiva dizendo que está se preparando para confessar tudo o que necessitava. Pediu que ele fosse primeiro, que ela o aguardaria para se confessar em seguida e continuarem a vida juntos.
Enquanto Luís de Narbonne estava no confessionário, uma figura jovem ajoelhou-se junto a Ruth Carolina informando-a de que tudo estava preparado para a sua fuga em direção à Alemanha onde a aguardava ansioso o seu prometido antes da tragédia que vitimou seus familiares, o príncipe Frederico G.

33) Mas então ela tinha tramado até a fuga como parte do seu plano terrível?

Sim. Até isso. Como pretendia firmemente vingar-se do Capitão da Fé, ela tinha que ter um plano de fuga após a consumação de sua vingança. Continuar em solo francês depois de vingar-se representava séria ameaça a sua vida. Em sendo assim, enviara pessoas de sua confiança que buscaram por Frederico G., morador na Alemanha, onde os protestantes eram melhores aceitos para planejar esse detalhe da fuga. E fora isso que o jovem envolvido pela penumbra da noite no interior da igreja viera lhe informar: tudo estava preparado.

Bastava ultimar o último golpe que estava a caminho e seria desferido em breve, muito breve, que Frederico G. estaria a sua espera para fugirem juntos para a Alemanha em segurança.

O mensageiro se foi e Ruth aproximou-se de um religioso leigo que ainda permanecia no interior da Igreja e entregou-lhe um bilhete para ser entregue ao conde Luís de Narbonne que se encontrava em confissão.

E assim foi feito. O bilhete informava ao marido que ela havia sido chamada urgentemente ao palácio de Versailles e solicitava que ele a procurasse naquele lugar. Tinha a clara intenção de atrair o marido sem nenhuma proteção de suas armas pessoais ou de sua escolta pessoal para os braços da rainha, envenenada contra ele pelo recado que Ruth Carolina havia mandado antecipadamente, denunciando Luís de Narbonne como conspirador contra a coroa.

34) E O COITADO FOI A ESSE ENCONTRO FATÍDICO?

Sim. Encontro para a morte. Catarina de Médicis havia deixado tudo preparado para a captura do Capitão da Fé, assim que ele adentrasse o palácio de Versailles, após receber o bilhete mentiroso denunciando a falsa conspiração contra o trono da França, enquanto Ruth Carolina fugia rapidamente em direção à Alemanha. A vingança estava em curso contra ele e se consumaria em breve.

Assim que Luís de Narbonne chega aflito, em busca da esposa, é capturado por vários homens de estrita confiança da rainha e atirado em uma cela imunda da prisão existente nos porões do palácio, prisão essa de conhecimento apenas de poucas pessoas que gozavam de toda a confiança da soberana. Era, portanto, uma prisão muito especial destinada às pessoas que deveriam simplesmente desaparecer do mundo.

E assim foi que Luís de Narbonne desapareceu para sempre, embora fosse procurado com desespero por todos os amigos, especialmente seu pai espiritual, monsenhor B., que mobilizou todos os recursos que dispunha no clero sem nenhum resultado, falecendo, porém, convicto de que seu filho do coração havia sido vítima da rainha por meio de uma trama entre ela e Ruth Carolina.

Nessa prisão infectada por animais peçonhentos, sem a mínima luz do sol, mergulhada em trevas onde não se distinguia o dia da noite, onde mal Luís de Narbonne conseguia sequer ficar em pé, ele amargurou seus dias durante dois anos até que a morte viesse libertá-lo.

Assim que ele foi jogado na prisão imunda, a rainha ordenara que lhe atirassem aos pés o bilhete de Ruth Carolina para que ele soubesse sobre a traição da mulher a quem ele entregara o seu coração.

Em vão tentou falar ao carcereiro que lhe trazia uma magra porção de pão e um jarro de água, quem ele era: o famoso Capitão da Fé!

Dois anos de sofrimentos indescritíveis que mais pareciam séculos, milênios, de sofrimentos sem fim. E tudo porque fora traído pela mulher a quem amara perdidamente.

A partir do dia em que tomou conhecimento do conteúdo daquele papel que lhe fora atirado no rosto contendo a mentirosa denúncia contra ele por parte de Ruth Carolina, Luís de Narbonne entregou-se de vez à sua sorte irremediável! E o antes forte, alto, bonito e poderoso Capitão da Fé definhou vagarosamente, dolorosamente, transformando-se num farrapo humano, mergulhando numa espécie de sono letárgico onde desejava deixar de existir para sempre.

Quando vieram noticiar a Catarina de Médicis que de uma das prisões exalava um cheiro pútrido sugerindo que o prisioneiro estava morto, ela mandou levantar uma parede de pedras e argamassa cobrindo a entrada da cela como se ali nunca tivesse existido nada, a não ser uma simples parede como tantas outras daquele local.

35) E TUDO TERMINOU DESSA MANEIRA PARA LUÍS DE NARBONNE, O CAPITÃO DA FÉ?

Olhando pelo plano material, sim. Um longo e terrível sofrimento.

Mas, como a vida nunca termina, um dia Luís de Narbonne percebeu que podia atravessar a porta da prisão infecta onde estava detido. Passou através das grades e viu homens levantando uma parede no local. Falou com eles, mas não obteve resposta. Ganhou a liberdade e pensou que alguém houvesse intercedido por ele junto à rainha que mandara libertá-lo e disparou como um louco pelas ruas de Paris.

Procurava por aquele amor incontrolável que era Ruth Carolina, a mulher que havia roubado seu coração para sempre.

Percorreu os diversos locais que registrara a sua presença humana. Esteve em sua antiga morada, mas ninguém o identificava mais. Retornou ao campo onde trucidara a família de Ruth e somente encontrou ruínas.

E, dessa maneira, vagou por cerca de dez anos de angústias alucinantes.

Até que em um determinado dia adentrou novamente a antiga construção da família da mulher que amara perdidamente e um ambiente de luz diáfana preenchia todo o local. Parecia que tudo havia sido restaurado utilizando-se de luz. E nesse local foi revelado ao antigo senhor de Narbonne que todos, inclusive ele, pertencia à essa mesma família espiritual!

Haviam tido vivências anteriores com parentescos carnais nessas épocas. Da mesma forma ficou sabendo que as crianças que foram mortas naquele malfadado dia de perseguição aos huguenotes haviam sido seus filhos em existências transatas.

Soube mais. Ele que não tivera uma mãe a lhe acariciar os cabelos como Luís de Narbonne; que não tivera um colo amoroso a recebê-lo nos dias difíceis da existência em curso; que não tivera uma mãe a balbuciar palavras de carinho em seus ouvidos cansados das lutas da vida; ele que fora criado pelo bondoso monsenhor B., seu pai espiritual, tinha sido filho exatamente da matrona daquela família a quem executara num momento de fúria em defesa de suas ideias como Capitão da Fé.

Ela, aquela mulher amorosa e mansa, a condessa Carolina, a matriarca da família de Carlos Filipe II que ele trucidara, tinha sido sua mãe em existências anteriores! Foi embalado no ventre e ninado nos braços dessa mulher e dele partira a ordem para matar a própria mãe e aos filhos de vidas passadas! Sim! Aos filhos, já que aquelas crianças dóceis e que se constituíam no motivo de imensa alegria para os pais, também haviam sido mortas por ordem sua!

Só não foi à loucura definitiva, porque o ambiente espiritual era de elevada vibração. Luís de Narbonne foi recebido com toda a energia positiva que o perdão incondicional é capaz de conferir. Condessa Carolina chamou-o com todo o amor que somente as mães são capazes de sentir e o aconchegou no conforto daquele seio amoroso que sempre perdoa e tem uma palavra de carinho para o filho ingrato, por mais perdido ele se encontre.

Esse amor materno lhe foi um bálsamo irresistível para as chagas de sua consciência, enquanto ele recebia na fronte exausta de tantos desatinos o beijo fraterno de todos aqueles que pereceram por sua ordem na perseguição aos protestantes.

Estava perdoado pelas suas vítimas, mas permanecia prisioneiro da própria consciência!

E assim adormece para o devido refazimento aquele que fora o Capitão da Fé, o conde Luís de Narbonne.

36) E ELA, RUTH CAROLINA, A NOSSA LYGIA DA PÉRSIA? CONSEGUIU, ENFIM, SER FELIZ?

Não. Não conseguiu e nem poderia. Sua consciência estava extremamente comprometida pelo mal praticado e envolvida pelo ódio que alimentou dentro de si mesma.

Recebeu de Frederico de G. todo o apoio que um homem de bem pode proporcionar à mulher amada, mas Ruth não encontrava a paz. Negava a si mesma o perdão que poderia lhe conferir tranquilidade e permitir que fosse um pouco feliz nos dias de vida que ainda tinha junto ao atual marido.

Debateu-se num drama de consciência atroz até o término de seus dias a irmã querida de Carlos Filipe II, o vitorioso espírito que um dia fora o temível Sakaran dos primeiros tempos do cristianismo.

# SÉCULO XVII

A REENCARNAÇÃO PROSSEGUE COM os espíritos envolvidos e agora nas seguintes personagens para facilitar a leitura:

| ANO 40 D.C. (PÉRSIA) | SÉCULO XVI (PARIS) | SÉCULO XVII (PARIS) |
|---|---|---|
| Lygia | Ruth Carolina | Berthe de Sourmeville |
| Sakaran | Carlos Filipe II | Padre Antoine |

37) BEM, PELO QUE VIMOS POR MEIO DAS LEITURAS ANTERIORES, A MAIORIA DESSES ESPÍRITOS TEM ENVOLVIMENTO O SUFICIENTE PARA SE REENCONTRAREM NESTE NOVO SÉCULO, NÃO É ASSIM?

Sim. É da Lei que nos aproximemos de quem amamos e de quem odiamos. Com os primeiros teremos o arrimo de que necessitamos na nova jornada. Quanto aos segundos, a sabedoria Divina nos proporciona novas oportunidades de transformarmos o ódio em amor.

E de fato isso aconteceu na história de Yvonne. Foram novamente aproximados para uma nova tentativa os principais envolvidos no drama do século passado.

Para facilitar o acompanhamento dos acontecimentos, citarei apenas os nomes dos personagens. Não anotarei os sobrenomes, o que facilitará a compreensão dos acontecimentos.

Quem desejar se aprofundar na história é só procurar a trilogia composta pelos livros *Nas voragens do pecado*, *O cavaleiro de Numiers* e *O drama da Bretanha*, psicografados por Yvonne, que obterá maiores detalhes sobre cada um deles.

Vamos a um resumo para facilitar a narrativa:

- Lygia - Ruth Carolina - retorna como Berthe de Sourmeville.
- Carlos Filipe I, o huguenote de elevada moral que pereceu pelas armas dos comandados de Luís de Narbonne, retorna como o padre Rômulo Del Ambrozini.
- Carlos Filipe II, o irmão adorado de Ruth Carolina que se trata de Sakaran evoluído através dos séculos, retorna como o padre Antoine Thomas.
- Monsenhor B., aquele religioso que adotara como filho do coração a Luís de Narbonne, volta como o seu pai carnal, o senhor Arnold de Numiers.
- Luís de Narbonne, o Capitão da Fé, agora é Henri, o cavaleiro de Numiers.
- O príncipe Frederico de G., que apoiou Ruth Carolina após sua fuga de Paris, retorna como o barão de Louis de Stainesbourg.
- E, finalmente, Reginaldo de Troules, o homem que identi-

ficou Ruth Carolina disfarçada como Otília no palácio de Versailles denunciando-a ao monsenhor B., também está presente como Ferdnand de Görs.

Esses são os principais personagens cujo drama acompanharemos. Sempre que houver alguma dificuldade em relacionar os acontecimentos é só retornar a essa página.

38) O QUE ACHEI ESTRANHO É CARLOS FILIPE I E SEU FILHO CARLOS FILIPE II RETORNAREM COMO PADRES, APÓS TEREM SIDO HUGUENOTES E, PORTANTO, PROTESTANTES NO SÉCULO ANTERIOR.

Você se lembra que eram pessoas de elevada moral à época? Pois então, para o espírito que já atingiu esse grau de evolução, os títulos carnais pouco importam. O que eles desejam, e geralmente conseguem, é servir a Jesus seja em que religião for.

Amar ao semelhante não depende de qual religião venhamos a ter. Por isso, o fato de estarem na religião católica não os impediu de continuarem a semear o bem nessa nova existência como veremos.

Até mesmo sem religião nenhuma, desde que vivenciemos as leis de amor que é a religião que Jesus nos deixou, podemos servir aos propósitos do Criador.

Quantos se acobertam sob o manto dessa ou daquela religião formal que o mundo criou e praticam o mal? E se esquecem do maior de todos os mandamentos?

Como diz o ditado popular, o hábito não faz o monge.

Esses dois personagens em nova roupagem carnal continuam com um comportamento elevado, o que apenas consagra a religião por meio da qual eles servem em nome do amor.

39) ENTÃO, VAMOS LÁ. QUANDO E ONDE RENASCE RUTH CAROLINA, AGORA COMO BERTHE?

Berthe era filha bastarda de uma camponesa tão bela quanto delicada e de quem herdara o nome.

A mãe dela, uma jovem de apenas 18 primaveras, trabalhava no castelo de Stainesbourg a serviço de uma baronesa boníssima chamada Claire. Tão boa era essa senhora que era conhecida como o "anjo dos pobres" pelos habitantes da região.

Berthe, a mãe, trabalhava como roupeira dela. Ao mesmo tempo, a sua senhora lhe ensinava bordados, tapeçaria, confecções de rendas.

Mas um dia, e sempre tem um dia na vida de uma pessoa, apareceu no castelo da baronesa Claire o irmão dela, o conde Renaud, jovem de apenas 25 anos, impetuoso e displicente.

Logo que observou a beleza da auxiliar de sua irmã Claire, passou a assediá-la. Era um leão envolvendo uma indefesa ovelha, até que atingiu o seu objetivo: deixou a moça grávida e sumiu, abandonando a parte mais fraca.

Berthe, envergonhada perante a baronesa Claire que lhe era tão boa, inventou a desculpa de que o pai adoecera e necessitava muito de seus cuidados e desligou-se do serviço do castelo.

A jovem mãe foi acolhida pelo pai que compreendeu a sua tragédia, fato esse raro para aquela época.

Entretanto, Berthe morreu ao dar à luz uma menina, apesar de todos os recursos mobilizados à época pelo padre Rômulo que a atendeu no parto. Evidentemente que os recursos daquela época eram precários, o que levou a parturiente à morte por causa não conhecida.

A baronesa Claire, assim que soube do ocorrido, intercedeu junto ao irmão e obteve dele uma carta de permissão para que a filha recebesse o seu nome, embora não a reconhecesse como filha legítima.

Assim surgiu no século XVII Berthe de Sourmeville. O mesmo nome da mãe e o sobrenome do pai que nunca a assumiu perante as leis vigentes na época. Não a legitimou como filha. Era a nossa Ruth Carolina reencarnada. Uma filha bastarda!

40) Nossa! Começou mal. E onde foi criada Berthe de Sourmeville, a Ruth Carolina reencarnada?

Graças ao coração bondoso da baronesa Claire, ela continuou a viver no castelo de Stainesbourg e a receber educação primorosa. Contudo, se a baronesa a aceitava como sua sobrinha, que realmente o era, o barão, seu marido, não.

Berthe desenvolvia intenso carinho pela tia e pelo filho dela, seu primo Louis, um jovem mais velho do que ela.

Percebendo essa situação hostil por parte do barão, a bondosa Claire pede ao seu filho Louis que ampare a menina após a sua morte. Chegou a ponto de pedir que ele a desposasse, ignorando os preconceitos contra Berthe, que não tinha culpa nenhuma pelo mau caráter do seu pai, que abandonara a mãe e a filha, consequentemente.

Pouco tempo depois a baronesa adoece agudamente e pressentindo a morte que se aproximava rápida, renova o pedido ao seu filho Louis, com 15 anos de idade, para que amparasse a prima Berthe, então com dez anos. Que se casasse com ela!

A morte daquela alma boa realmente ocorre. Louis tem a sua saúde física abalada pela perda da mãe e o barão, também chocado com a partida da esposa, resolve fazer uma viagem até a Alemanha para o bem deles. Entretanto, a menina Berthe não iria junto. Não havia como dois homens cuidar de uma criança do sexo oposto. Evidentemente que o preconceito contra a pobre bastarda era o maior motivo para que ela não os acompanhasse.

Louis discute com o pai em atendimento ao pedido materno para que protegessem a menina.

Berthe não tinha culpa alguma do pai tê-la abandonado. Emprestara o nome à criança, mas não a legitimou como filha. E essa situação naquela época pesava muito.

O barão, entretanto, foi irredutível: a menina não seguiria com eles. Ficaria entregue ao ilibado padre Rômulo e a Arnold de Numiers e sua esposa, proprietários de uma herdade dentro dos domínios do barão.

Ele, o barão, enviaria quantias anuais necessárias ao sustento de Berthe, que continuaria a ter educação primorosa, como desejara a baronesa morta.

Padre Rômulo gozava de um elevado conceito na região. Seu pupilo, o padre Antoine Thomas, estava preparado para transmitir conhecimentos à bastarda. Ao mesmo tempo, a esposa de Arnold de Numiers teria imensa alegria de receber a criança em sua companhia.

Montado esse projeto, de alguma maneira Berthe continuaria amparada como era o desejo da baronesa Claire e para a tranquilidade da consciência do barão, seu marido, que rejeitava a criança pela sua origem de nascimento. Pelo menos assim raciocinava ele.

O jovem Louis acompanhou o pai, contrariado por deixar a prima Berthe por quem tanto lhe suplicara a sua mãe a ponto de pedir que a desposasse um dia para protegê-la.

41) E PARTIRAM SEM A MENINA?

Sim, a menina ficou como determinou o barão. E Berthe continuou no castelo assistida pelo padre Rômulo e o seu pupilo padre Antoine Thomas, que no século anterior havia sido o seu irmão mais velho, Carlos Filipe II. Amava-a da mesma forma e nessa existência também lhe transmitia ensinamentos como aprender a ler, escrever e contar. Da mesma forma aprendia a tocar o cravo e a harpa.

42) E BERTHE CONTINUOU A MORAR NO CASTELO?

Não. Com o arrendamento do castelo do barão a membros da família da sua falecida esposa, Berthe passou a morar com os Numiers.

Por sua vez, o casal Numiers exultava com a presença da menina! A senhora Numiers a tinha como filha. Considerava-se a sua segunda mãe. O senhor Arnold da mesma forma a recebia em seus sentimentos como o pai que ela não tivera.

O filho deles, Henri Numiers, que nada mais era do que Luís de Narbonne, o Capitão da Fé reencarnado, sentia-se atraído pela beleza daquela menina loura de olhos azuis como o céu.

O interessante era que se sentia enciumado quando ela se referia ao primo Louis que havia partido com o pai para Alemanha. Eram ecos do passado a explodirem no presente.

Estavam diante um do outro: o Capitão da Fé e Ruth Carolina. Não nos esqueçamos, é sempre bom recordar, que o primo Louis fora no século anterior Frederico de G., que amparara Ruth Carolina depois que ela abandonaraLuís de Narbonne à sanha de Catarina de Médicis.

O tempo foi passando e o barão não voltava, alegando a necessidade de permanecer pelas terras onde estava para tratamento da sua saúde.

Henri de Numiers sempre envolvia Berthe com as maiores gentilezas possíveis. No entanto, ela sempre se mostrava arredia a essas cortesias, embora com o tempo passasse a aceitar melhor a atenção a ela dirigida por ele.

Se possível fosse sondar o coração dela, ver-se-ia que Berthe nutria um sentimento de grande amor pelo padre Antoine Thomas. Não um amor filial, mas amor mesmo. Eco do passado com Sakaran, e por quem ela não soubera sublimar o amor transcorrido há quase 17 séculos!

O padre Antoine percebia isso, contudo, o amor que sentia por ela era de um pai amoroso por uma filha necessitada de amparo. Lembra-se de que o espírito que animara o corpo de Sakaran, no primeiro século, já havia conquistado a capacidade de amar os semelhantes como sendo membros de uma mesma família universal? Pois então, o padre que era a reencarnação dele, amava a menina com esse tipo de amor. Atitude semelhante a que teve como Carlos Filipe II.

Durante quatro anos um mensageiro trouxe até o padre Rômulo as contribuições financeiras destinadas às despesas com Berthe, que vivia com o casal Numiers.

No entanto, no fim do quinto ano do afastamento do barão, o mensageiro não veio. Após alguns meses, nada de notícias.

Padre Rômulo dirigiu-se até o castelo onde moravam os parentes da baronesa Claire, já falecida, e expôs o problema da jovem Berthe, que era sobrinha daquela senhora bondosa que, infelizmente, havia partido do mundo.

Entretanto, os familiares não aceitaram a moça como parente em virtude do pai ter falecido solteiro e apenas permitido que a filha bastarda utilizasse do seu nome, sem legitimá-la.

Colocada a par desses acontecimentos, Berthe sentiu-se abandonada pelo barão e por Louis, seu primo, e procurou dedicar-se à vida do campo na família Numiers, esquecendo a possibilidade de retornar a morar no castelo. Devido a essa permanência com os Numiers, ela começou a ser mais receptiva em relação a Henri, o filho do casal, que cada vez mais demonstrava interesse por ela.

43) PARECE QUE O DESTINO APERTAVA O CERCO CONTRA BERTHE, OBRIGANDO-A A UMA VIDA SIMPLES DO CAMPO?

Sim. Desiludida com o abandono por parte do barão e, por consequência, pelo seu primo Louis, não lhe sobrou muita opção.

Esclarecida de maneira muito franca pelo padre Antoine Thomas que o amor que ela sentia por ele deveria ser sublimado e não entregue às tentações da carne, Berthe volta a sua atenção a Henri de Numiers, apesar de ser cobiçada e disputada por sua rara beleza por vários jovens daquelas paragens.

Essa cobiça dos jovens acabou por provocar uma luta entre Henri e um pretendente dela chamado Franz, que foi espancado publicamente pelo primeiro.

O rapaz acabou se suicidando em sua casa pela vergonha a que foi exposto pelo rival enciumado, deixando uma carta em que revela seu ódio ao seu agressor e o seu verdadeiro amor por Berthe.

Henri não sabia, mas acabava de conquistar um obsessor em sua vida.

Esse episódio se espalhou rapidamente e chegou até a Quinta dos Numiers.

Quando Henri ali chegou depois do acontecido, foi recebido com muito carinho por Berthe. O rapaz revelou o seu amor a ela e acabam por acertar o casamento entre ambos.

Um mês depois do ocorrido, o padre Rômulo oficializava o casamento entre Berthe de Sourmeville, a bastarda, reencarnação de Ruth Carolina, e Henri de Numiers, a reencarnação do Cavaleiro da Fé.

Enfim, o destino colocava frente a frente os dois novamente.

Todos comemoraram, menos a mãe de Franz, o jovem que havia se suicidado por conta da surra pública recebida de Henri de Numiers.

44) TENHO ATÉ MEDO DE PERGUNTAR O QUE ACONTECEU A PARTIR DAÍ!

Mas é preciso continuar. Durante três anos viveram como um casal apaixonado.

Para entender o que aconteceu depois disso, precisamos lembrar que o barão que deixara Berthe aos cuidados dos Numiers faleceu vítima de tuberculose.

O seu filho Louis, primo de Berthe e que havia prometido à mãe se casar com a moça, dedicou-se aos estudos das Belas-Letras enquanto esteve com o pai. Com a morte do barão, ficou em um convento na Holanda com um primo paterno que era religioso. Chegou o dia em que teve que cuidar da própria vida e como não pretendia continuar na vida religiosa, iniciou a vida profissional dedicando-se às letras e à pintura. Contudo, mesmo com os problemas normais que tinha de enfrentar não se esquecia da prima Berthe e, não sabendo que ela havia se casado com Henri de Numiers, alimentava planos de retornar até onde a prima estava e casar-se com ela.

45) Meu Deus! Lá vem confusão!

Vamos com calma para tudo ficar bem entendido.

Na Holanda, Louis conhecera o conde Ferdinand de Görs. Nunca é demais lembrar que ele, no século passado, havia sido Reginaldo de Troules, o homem que descobrira a falsa identidade de Ruth Carolina na festa da corte de Catarina de Médicis.

Era moda na época um nobre proteger um artista para dar ares de intelectualidade perante os iguais. Por isso, Ferdinand de Görs fez-se protetor de Louis, convidando-o a retornar a Flandres onde o nobre tinha uma propriedade em Bruges, território francês, colocando Louis mais próximo do local onde morava sua prima Berthe.

O conde era rico, poderoso, excelente esgrimista, solteiro e tinha fama de conquistador inveterado.

A Louis cabia, em retribuição a essa proteção, escrever poemas e discursos para o seu protetor, assim como restaurar retratos e pinturas as mais variadas. Entretanto, ele não tinha afinidade com nenhum tipo de arma utilizada na época.

Alguns meses após a chegada a Bruges, vendo-se mais perto de onde a prima morava, Louis pediu licença ao conde para visitar o local do seu nascimento.

Ao chegar no local procurou notícias da prima e ficou sabendo que ela estava casada, o que o leva à irritação, porque o pai, que era seu tutor, havia falecido. "Quem, portanto, havia autorizado tal consórcio?"– perguntava-se frustrado. Alegava que esse casamento não era válido devido a esse fato. Quem havia dado autorização para a prima Berthe se casar?

Ao saber onde Berthe estava morando, procurou o local e a encontrou em um bosque próximo da casa dos Numiers.

Sem revelar sua identidade começou a cortejá-la com belas frases percebendo que era correspondido.

Entretanto, num momento em que a consciência deve ter falado mais alto, Berthe saiu correndo daquele homem desconhecido e que se vestia como um nobre. Ela não o havia reconhecido, mas aceitara o cortejo.

Louis, percebendo a fuga da prima, revela sua identidade. Ela o fita estarrecida pela transformação que nele se dera. Não se abraçaram. Não foi dado a ele as boas-vindas por parte dela. Apenas o primo beijou-lhe as mãos, emocionado.

46) AINDA BEM QUE ELA NÃO SENTIU POR ELE NADA ALÉM DO PARENTESCO!

Engano seu. Louis passou a frequentar a casa dos Numiers, como fazia quando ainda era jovem. Ele se fizera querido dos Numiers depois que sua mãe, a baronesa Claire, conhecida como "anjo dos pobres", adotou a sobrinha Berthe, após o pai biológico sumir no mundo e abandonar a mãe de Berthe grávida.

A convivência com ela, que se transformara numa mulher extremamente linda, acendeu os desejos daquela época da mocidade na qual ele fizera planos de desposá-la a pedido da mãe.

O pior não foi isso. Em Berthe também esses sentimentos vieram à tona e ela começou a corresponder aos sentimentos do primo.

Por isso passou a tratar o marido Henri com rudeza, com atitudes que ele desconhecia em sua esposa.

Não demorou muito para que ele associasse essa mudança ao retorno de Louis. Aborrecido, procurou incontinente um amigo de todos, o padre Antoine Thomas, e revelou a sua suspeita no que não foi apoiado pelo religioso. O bom homem argumentou que tudo não passava do ciúme que Henri tinha da esposa e lhe prometeu conversar a sós com ela.

47) E ELA ACEITOU CONVERSAR COM ELE? O QUE DISSE AO PADRE? CONFESSOU A VERDADE?

Sim, ela conversou com o padre Thomas e não escondeu que não amava Henri, mas sim ao primo Louis. Alegou que tinha casado com o moço da família Numiers por uma necessidade do momento, ao ser abandonada pelo barão que a deixou entregue àquela família.

Confessou mais: revelou que o seu amor era ele, padre Thomas, mas que, no entanto, entendia que esse amor era impossível e por isso pretendia ligar-se a Louis.

Era Ruth Carolina abrindo o seu coração ao irmão do século passado, Carlos Filipe II. Ou se preferirem, era Lygia que abria seu coração a Sakaran, do primeiro século do cristianismo.

Por sua vez, padre Antoine Thomas procurou por padre Rômulo e expôs a ele toda a grave situação que se apresentava.

Rômulo, de elevada moral, decidiu procurar Louis e falar-lhe abertamente do grande perigo que se desenhava para Berthe e para ele próprio.

Como resultado desse diálogo, o jovem despediu-se do padre Rômulo com a promessa de partir na manhã do dia seguinte.

Após essa decisão, Louis, na ceia da noite na casa dos Numiers, anuncia a sua partida para o dia seguinte, dirigindo-se para o castelo dos pais, próximo da herdade dos seus anfitriões.

Do castelo partiria, para sempre, em dois dias em direção a Bruges, onde os compromissos perante o conde Ferdnand de Görs o aguardavam.

Henri sentiu-se aliviado. Berthe demonstrou-se carinhosa novamente para com ele como fora no início do casamento.

Na casa dos Numiers tudo parecia ter retornado à paz de antes. Berthe continuava atenciosa e amorosa com o marido. A ceia dessa noite, na casa de Henri, que antecedia a partida de Louis do castelo onde morara quando criança e durante uma parte de sua juventude em direção a Bruges, transcorrera dentro da normalidade. Berthe estava feliz, risonha, travessa, fazendo rir o marido e seus pais.

Entretanto, Henri sentiu-se subitamente sonolento e se recolheu mais cedo do que de costume ao leito para o devido descanso.

Seus pais, pouco tempo depois, também se recolheram aos seus aposentos e o silêncio dominou a casa dos Numiers e as luzes se apagaram completamente.

Na manhã seguinte, Henri acordou sentindo-se estranho. Tinha a sensação de que estava doente. Procurou pela esposa no lado da cama em que ela se deitava de costume, mas não a encontrou. Vestiu-se com a intenção de procurá-la em outro lugar da casa.

Nisso escutou a voz da mãe a chamar por ele e pela esposa dizendo-lhes que já era tarde.

Onde estaria então a sua Berthe, já que a mãe chamava também por ela?!

Uma janela do quarto dele entreaberta foi a resposta que os fatos lhe apresentaram...

Berthe havia partido com o seu primo Louis, abandonando tudo e todos.

Era a segunda fuga de Berthe de Sourmeville, após abandonar a Luís de Narbonne no século passado, tendo atraiçoado mais uma vez a esse espírito.

48) Vai começar tudo de novo!...

Por isso que precisamos de incontáveis reencarnações. Não é fácil mudar. Quando somos envolvidos pelas tentações do mundo material, ficamos sem forças, falimos. E essas quedas podem nos custar séculos de reparação.

Henri de Numiers procurou desesperado pela sua amada Berthe por todos os cantos e lugares aos quais a sua desconfiança o levou.

Arnold de Numiers, seu pai, cada vez mais odiava essa mulher que fazia a desgraça progressiva do filho jurando vingança, ódio esse que teria desdobramentos terríveis no futuro dela, já que as existências são inúmeras, mas a vida é uma só, conectando cada existência no corpo físico uma à outra.

Padre Rômulo ao ver o desespero da família consegue que um militar, seu amigo, que tinha uma guarnição de homens sob seu comando, admitisse Henri, que era um excelente espadachim, no seu grupo em Bruges.

Mas parece que a vida trabalhava contra a recuperação do jovem. Ali ele reencontrou Berthe instalada no castelo do conde Ferdnand de Görs, o nobre que auxiliava Louis em sua vida profissional de letras e artes.

Um determinado dia, Henri escutou uma voz parecida com a de sua Berthe a cantar exatamente no palácio de Ferdnand de Görs.

Utilizando-se de algumas amizades que havia conquistado naquele local, Henri consegue adentrar o palácio do conde e avistar-se com Berthe, cobrando-lhe pela atitude miserável que tivera ao abandoná-lo.

Ela, a fim de arrumar uma desculpa perante o ex-marido extremamente exaltado em sua presença, sugere a ele que estava sendo oferecida a Ferdnand de Görs como uma espécie de retribuição aos favores que Louis obtinha do nobre.

Diante dessa revelação falsa, o apaixonado Henri propõe a ela uma fuga daquele local para outro bem distante. Após acertar tudo com a mulher, ébrio de felicidade e de esperança por ter a mulher adorada em seus braços novamente, ao retornar para buscá-la fica sabendo que Berthe fugira de novo, abandonando-o mais uma vez.

Henri retorna à Quinta dos Numiers e entrega-se à bebida em busca de esquecimento para tudo o que está acontecendo.

Até que em um determinado dia, o moço não é encontrado pelos pais desesperados que iniciam a busca pelo filho. E foi Arnold de Numiers quem encontrou o corpo de Henri todo estraçalhado aos pés de um rochedo. Ele havia cometido suicídio atirando-se do alto de um penhasco.

O ódio supremo de Arnold de Numiers contra Berthe, a responsável por aquela desgraça, faz pacto com a vingança definitiva no coração desse pai enlouquecido pela morte do único filho.

Durante algum tempo moradores do local ouviram gritos alucinantes que atribuíam ao fantasma do jovem suicida.

Algumas pessoas daquela região chegaram até mesmo a vê-lo.

Henri desencarnado sofria o extremo desespero de ver-se rolando pelas pedras do rochedo de onde se atirara para a morte do corpo. Depois, assistia o corpo ser destruído pelos vermes na sepultura onde o enterraram.

Essas cenas se repetiam num desespero sem fim. E nessa situação continuou a viver apesar de ter aniquilado a sua existência física, mas não a vida imortal, até que o socorro do Alto o acolhesse nos braços da Misericórdia Divina.

49) E Berthe e Louis, continuavam felizes com o apoio do conde Ferdnand de Görs? Pelo menos isso no meio de tanta tragédia?

Não. Ela realmente viera a se tornar amante de Ferdnand, que a assediou até conseguir essa situação. Berthe rejeitou o assédio várias vezes, o que levou o conde irritado a retirar o apoio ao seu marido.

Sem o apoio do nobre de mau caráter, Louis começou a enfrentar dificuldades financeiras consideráveis. Foram mobilizando todos os recursos de que dispunham para o sustento deles. Até mesmo Berthe entregou-se ao trabalho caseiro para ajudar na situação financeira difícil que enfrentavam.

A situação atingiu o máximo do desespero quando Louis fratura uma perna realizando um trabalho de reparação de pintura em um convento, acabando em um leito sem conseguir trabalhar de maneira nenhuma.

Sabedor dessa situação financeira desesperadora, o conquistador Ferdnand de Görs intensifica o seu assédio sobre Berthe, que termina por ceder e transformar-se em sua amante. Para demonstrar a sua alegria com mais essa conquista, o conde dá uma festa e seu palácio na qual introduz novamente o seu protegido perante a sociedade a fim de socorrer a situação financeira do casal.

Entretanto, Louis percebe essa proximidade entre o conde e a sua esposa. Cobrada sobre essa situação, Berthe nega o envolvimento com Ferdnand. A situação de tensão com a suspeita cada vez maior de que a esposa o está traindo vai crescendo a ponto de Louis, que não era dado a armas, desafiar Ferdnand, exímio conhecedor das mesmas, para um duelo em nome de sua honra. Sabia que assinava sua sentença de morte, mas a honra assim o exigia. E foi exatamente o que aconteceu. Louis morre atravessado por um golpe mortal da arma do homem que desafiara e que era realmente amante de Berthe.

50) QUE HOMEM DE MAU CARÁTER ESSE CONDE FERDNAND! TORNOU BERTHE SUA AMANTE E AINDA MATA O SEU MARIDO?! QUE FEZ DEPOIS DESSE MAL TODO? CONTINUOU SUAS CONQUISTAS SOBRE OUTRAS MULHERES?

Não. O conde encontrou a própria morte!

Berthe fechara-se em sua casa após a morte do marido no duelo com Ferdnand. Este, entretanto, continuava tentando ser o seu amante enviando-lhe constantes bilhetes. Até que um dia recebeu uma resposta afirmativa. Exultou de alegria!

A condição que sua amante impunha era a de que o encontro entre os dois fosse discretíssimo.

Ele deveria vir até a sua casa sem nenhuma companhia, vestido de trajes comuns que não levantassem nenhuma suspeita, em horário que não despertasse atenção de ninguém e entrasse furtivamente, o mais furtivamente possível em sua moradia.

O conde concordou com todas as exigências. Precisava rever com urgência aquela bela mulher. Sentir o seu perfume. Acariciar sua pele alva como a mais fina porcelana. Ter a contemplá-lo os lindos olhos azuis de sempre.

Lógico! Estou imaginando que assim se sentisse Ferdnand. E dessa maneira, cumprindo todas as exigências feitas por ela, finalmente o conquistador estava novamente na presença de sua mais nova reconquista: Berthe de Sourmeville, a mulher que o levara à loucura de matar seu marido em duelo absolutamente desigual e de resultado previsto, sem nenhuma possibilidade de erros em virtude da habilidade para armas do nobre que fora desafiado pelo pobre Louis.

Berthe o cortejou como se nada tivesse abalado o relacionamento dos dois. Serviu-lhe um vinho capitoso. O conde começou a sentir-se mal. O vinho estava envenenado! E ali, diante de sua linda amante, ele conheceu a morte de uma maneira que jamais pudera prever!

51) Nossa! E o que ela fez a seguir? O conde era uma pessoa influente! Berthe corria sério risco de ser presa e condenada!

De início ninguém do castelo reparou na ausência do seu senhor, já que ele era dado a aventuras românticas conhecidas pela maioria, o que o levava a sumir por um determinado período atrás de suas conquistas amorosas.

Como o tempo de sua ausência se prolongasse, o componente policial foi acionado e acabaram, após intensas buscas, por encontrar o cadáver do conde em estado de decomposição no interior da casa da baronesa Berthe de Sourmeville.

Mas Berthe já havia partido em direção ao Presbitério do padre Rômulo e do seu amado padre Antoine Thomas, seu irmão Carlos Filipe II no século anterior, único local que poderia lhe oferecer refúgio após tantos desatinos cometidos durante a sua existência: Henri de Numiers se suicidara porque fora abandonado por ela e o marido Louis encontrara a morte num duelo desigual em defesa da própria honra por ter sido ela amante de Ferdnand de Görs!

E foi nesse local, oculto das autoridades policiais, que ela desencarnou meses depois vitimada pela tuberculose nos braços dessas duas pessoas de elevada moral e muitos méritos diante de Deus.

Na sua Quinta destruída pelo abandono, o proprietário Arnold de Numiers, após a morte pelo suicídio de Henri, seu filho, alimentava o terrível desejo de vingança contra aquela que desgraçara seu lar, levando o seu filho ao desespero a ponto de se lançar do alto de um penhasco estraçalhando o corpo ao bater nas pedras queda abaixo.

Na futura reencarnação de Berthe de Sourmeville ela conheceria o peso do alerta de Jesus quando recomendava a reconciliação com o inimigo enquanto estivesse em trânsito com ele pela Terra.

E nessa situação encerramos o drama pungente que envolveu Yvonne do Amaral Pereira, a Berthe de Sourmeville, no século XVII.

# SÉCULO XVIII

PARA FACILITAR O ACOMPANHAMENTO do drama, vamos à sequência dos personagens principais envolvidos desde o I século:

| Ano 40 d.C. | Século XVI | Século XVII | Século XVIII |
|---|---|---|---|
| Lygia | Ruth Carolina | Berthe de Sourmeville | Andrea de Guzman |
| Sakaran | Carlos Filipe II | Padre Antoine | Victor de Guzman |
| | Luís de Narbonne | Henri de Numiers | Arthur de Guzman |
| | Monsenhor B. | Arnold de Numiers | Obsessor de Andrea |
| | Frederico G. | Louis de Stainesbourg | Alexis de Guzman |
| | Reginaldo de Troules | Ferdnand de Görs | Marcus de Villiers |

Esses são os principais personagens que continuam envolvidos com a trama da vida.

52) BEM, PELO QUE VEMOS, BERTHE ESTÁ REENCARNADA COMO ANDREA DE GUZMAN E VIVENDO ENTRE A NOBREZA NESSE SÉCULO. ESTAVA, PORTANTO, TUDO BEM PARA ELA?

Vivendo na nobreza e portando a beleza física que a acompanhou nas reencarnações anteriores. Contudo, não estava tudo bem com ela, não. Desde pequena sofria convulsões, era jogada ao chão por uma espécie de perseguidor invisível que, inclusive, falava por ela fazendo acusações e ameaças terríveis a ela.

53) COM CERTEZA UM OBSESSOR, FATO DESCONHECIDO À ÉPOCA.

Sim e um obsessor conhecido nosso, bastando para isso relembrarmos o que aconteceu no século anterior. Arnold de Numiers cumpria o seu desejo de vingança pela morte do filho Henri, agora reencarnado como Arthur de Guzman, e irmão gêmeo de Alexis de Guzman.

54) COMO TUDO VEM SE ENCAIXANDO NO DRAMA, ESSE ALEXIS FOI O ...

Sim. Foi Louis de Stainesbourg com quem Berthe fugiu no século passado levando o jovem de Numiers ao suicídio e o pai do mesmo a se transformar no obsessor de Andrea no presente.

55) MAS O SUICÍDIO NÃO MARCA O SUICIDA NA PRÓXIMA ENCARNAÇÃO? ARTHUR TINHA ALGUMA MARCA DO

CRIME COMETIDO CONTRA ELE MESMO QUANDO FOI
HENRI DE NUMIERS?

Tudo o que é da lei é dado a cada um segundo as suas obras e Arthur, como suicida na existência anterior, não poderia ficar sem as devidas consequências.

O jovem não suportava as menores alturas. Mesmo as sacadas do castelo eram para ele uma verdadeira provação. Se do alto de uma delas olhasse para baixo, era vitimado por um quadro estranho para a medicina daquela época: caía ao chão, os olhos ficavam arregalados, a boca muito aberta como se estivesse emitindo gritos pavorosos e as mãos e os pés executavam movimentos como se buscassem segurar em algo ou em alguma coisa.

Isso porque, como Henri de Numiers, se atirou do alto de um penhasco. Sua memória espiritual registrou o fato desse ato desesperado e quando na existência seguinte como Arthur de Guzman, ao ser exposto a uma pequena altitude, ele relembrava dessa maneira estranha aos olhos dos parentes o horror que havia passado no ato do suicídio.

Ninguém foge à lei das consequências dos próprios atos. Mas as consequências do suicídio não ficaram só nessas crises, não. Evoluiu para uma situação muito mais grave como veremos mais para frente.

56) OUTRA COISA ESTRANHA: OS DOIS INIMIGOS DO PASSADO, HENRI DE NUMIERS E LOUIS DE STAINESBOURG, RETORNAM COMO IRMÃOS GÊMEOS NAS PESSOAS DE ARTHUR E ALEXIS DE GUZMAN?

Exatamente! E aí está a sabedoria da Lei Divina. Aproximou-os pelos laços consanguíneos para facilitar o restabelecimento da paz entre os dois. Se nascessem longe um do outro, jamais se buscariam porque uma antipatia recíproca, fruto da existência passada, existiria entre eles impedindo que se aproximassem.

57) E COMO IRMÃOS? QUERIAM-SE BEM?

Alexis era mais tranquilo nesse relacionamento, mas Arthur não. Não sabia exatamente o motivo, mas não se sentia bem na presença do irmão. E essa hostilidade se acentuou ainda mais quando Andrea de Guzman, a prima, foi prometida em casamento para Alexis, como era comum entre as famílias daquela época orquestrar envolvimentos amorosos entre membros próximos.

Acertavam uniões afetivas entre parentes. Arthur não se conformava de Alexis ser o preferido, já que Andrea dispensava a ele atenção semelhante ao do irmão.

"Será que minhas crises desencadeadas pelos lugares altos é o motivo para essa escolha errada da família consorciando Andrea com Alexis?" – pensava constantemente.

58) E ANDREA REALMENTE DISPENSAVA ATENÇÃO PARA OS DOIS?

Sim, a ponto de ser questionada pelo irmão mais velho, Victor, sobre os sentimentos dela em relação a eles.

A quem realmente Andrea amaria? Ela mesma não sabia responder com segurança. Não conseguia se imaginar longe de um ou do outro. Tinha necessidade dos dois na verdade. Não negava para o irmão que amava igualmente os dois primos e não saberia decidir sobre qual dos dois amava mais.

> 59) Lá vem confusão! Mas e Victor, o médico e espiritualista, reencarnação de padre Antoine Thomas na época dos Numiers, como era essa pessoa?

Boníssima! Como vinha sendo desde o século XVI quando existiu com o nome de Carlos Filipe II, o pastor protestante.

Atendia gratuitamente aos necessitados e levava até eles uma mensagem de bom ânimo inspirada nas verdades de Jesus.

Visitava os pobres e os enfermos nas aldeias próximas, lecionava alfabetização às crianças das cercanias.

Tinha conhecimento da vida espiritual pelos estudos das doutrinas orientais a que se dedicara. Falava dos mártires do cristianismo. Dos sofrimentos que atingiam aqueles que desejavam verdadeiramente seguir o Mestre. Abordava a imortalidade da alma, a ressurreição. Entusiasmava-se ao falar sobre o Sermão da Montanha da mesma forma como fizera no século XVI como um huguenote a pregar a Bíblia ao povo humilde daquela época.

Para resumir em poucas palavras, Victor de Guzman era um apóstolo do bem.

Reunia a família à noite e desenvolvia preleções de elevada moral a todos os presentes, sendo muito respeitado e querido por todos.

60) E Andrea? Acompanhava e sabia desse comportamento do irmão exemplar? Escutava seus ensinamentos? Aprendia alguma coisa com ele?

Não. Para a tristeza desse irmão que procurava direcioná-la ao bom caminho, Andrea dormia enquanto Victor fazia as suas preleções nas reuniões familiares.

Ele era um espírito muito mais adiantado que os demais, colocado nesse lugar exatamente para orientá-los em direção aos reais valores da existência.

Uma pessoa que aceitasse a reencarnação veria nele um antigo instrutor de almas, um pastor da Reforma protestante, um sacerdote dedicado da Igreja de Roma.

61) Estou curioso sobre o que pode ter acontecido de mais grave com Arthur de Guzman como consequência do ato de suicídio abordado em uma das respostas anteriores. O que aconteceu com ele além do pavor por altura com a consequente espécie de convulsão que sofria?

Pois é. Em um determinado dia, Arthur estava na sacada do primeiro andar do palácio e viu um gato em cima de um pé de carvalho que estendia seus ramos em direção ao local.

Para testar se tinha melhorado do seu horror aos lugares altos e ajudar o bichano, subiu sobre o batente da sacada e foi se esticando em direção à árvore para segurar em um dos galhos. No entanto, imprevidentemente, olhou para o chão. A altura não era muita para uma pessoa sem o trauma que ele registrava em sua intimidade, mas para ele foi fatal: olhou para baixo e teve nova crise despencando do primeiro andar.

Foi incontinente socorrido pelos vários serviçais do castelo e familiares. Contudo, após ser examinado por Victor, foi constatado que o acidentado sofrera fratura de coluna com consequente lesão da medula.

Arthur ficara paralítico para o resto daquela existência! Tinha seus sonhos frustrados de seguir a carreira militar. Permaneceu imobilizado no leito até que a morte dali o retirasse um dia.

Como pode ver, o suicídio trouxe a sua colheita amarga para ele, sim.

62) ACHO QUE NOS ESQUECEMOS DO OBSESSOR DE ANDREA, O PAI DE HENRI NUMIERS DO SÉCULO ANTERIOR QUE JUROU VINGAR O SUICÍDIO DO FILHO PROVOCADO POR ELA NA EXISTÊNCIA COMO BERTHE DE SOURMEVILLE. CONTINUOU A ATACAR A SUA PRESA?

Continuou até que em uma das manifestações do obsessor através da própria Andrea, Victor estabelece um diálogo com ele utilizando-se da irmã como intermediária.

Victor, então, pergunta sobre a razão daquele assédio sobre Andrea. Se se tratava de um ódio gratuito ou se existia um motivo mais grave para aquela situação.

O obsessor revela o início daquele problema gravíssimo entre ele e a sua vítima da atual existência.

Explica que foi monsenhor B. no século XVI e que sabia da elevada moral de Victor desde aquela época.

Depois expõe quem foi no século XVII, quando o seu filho Henri de Numiers suicidou-se pela injúria que Andrea fez a ele naquele tempo.

Explica ter jurado vingar-se da responsável pela tragédia do filho, a então Berthe de Sourmeville.

Victor, com muito amor, pergunta ao obsessor se ele aceitaria fazer um acordo com ele. O espírito responde que pelas virtudes de que o médico é portador, ele não poderia negar nada e aceita o acordo.

Ficava, dessa forma, acertado que o perseguidor de Andrea daria uma trégua para que ela demonstrasse sinais de regeneração moral. Se isso acontecesse, ele, o obsessor, a deixaria em paz, mas se a jovem não realizasse a sua reforma moral, ele voltaria com todo o ódio que alimentava contra ela e daria prosseguimento a sua vingança.

Devido a esse acordo de trégua estabelecido com o obsessor, Victor sempre insistia com a irmã para que ela se voltasse para o lado espiritual da vida.

Não perdia nenhuma oportunidade para tentar melhorar os valores morais de Andrea e subtraí-la do domínio do obsessor. Mas a irmã permanecia impermeável aos ensinamentos do irmão. Continuava atraída para o momento presente de sua existência. Desejava gozar dos prazeres imediatos da vida que ostentava.

Quando o noivo Alexis foi para Paris a fim de estudar diplomacia, ela se sentia entediada naquele castelo que não tinha nenhuma novidade.

A vida para ela era muito calma. Sentia falta das festas, das comemorações usuais em outros castelos.

Vivia entediada com a falta de uma vida mais agitada socialmente falando naquela pacata aldeia de Saint--Omer onde se localizava o castelo dos Guzman.

63) ENTÃO A SITUAÇÃO PERMANECEU A MESMA PARA ELA PERANTE O OBSESSOR?

Antes permanecesse! A situação começou a agravar--se quando um conde chamado Marcus de Villiers, belo e atraente homem com 35 anos, forte, alto, retorna para o seu castelo próximo de onde moravam os familiares de Andrea.

Esse conde havia ficado muitos anos na América e tinha retornado para a França.

Como passava costumeiramente pelas imediações do castelo dos parentes de Victor, tinha visto Andrea com a sua beleza exuberante, impossível de não ser notada por um homem normal.

O mesmo acontecera com ela: tinha sido atraída pela beleza do novo vizinho!

64) PARECE QUE A VIDA NÃO DÁ SOSSEGO PARA ANDREA!

Não é isso. A vida nos apresenta oportunidades de testar a nossa evolução. A decisão de vencer ou falir corre por nossa conta. E é isso que Andrea está prestes a ser tentada.

Com a desculpa de conhecer os vizinhos, Marcus de Villiers não perde tempo e solicita a permissão de visitá-los. O pedido é aceito e um jantar é marcado para recepcionar o visitante.

Diante dele na noite combinada, Andrea está sensivelmente atraída pela beleza daquele homem de maneiras finas, conquistadas na sua estadia na América, mesmo prometida a Alexis, seu primo que estudava diplomacia em Paris como já vimos.

Ela e o visitante dançam, e a jovem percebe os toques que a mão forte do conde exerce sobre seus pequenos dedos e os olhares sugestivos a ela dirigidos pelo cavalheiro.

Arthur, que tudo percebe, logo conclui que a prima, prometida em casamento ao seu irmão Alexis, estava sendo seduzida pelo visitante e traindo o noivo.

Se não se lembra, Marcus de Villiers, no século anterior, foi Ferdnand de Görs, autor de toda a tragédia que vitimou o casal Louis e Berthe de Sourmeville.

Eis aí a vida colocando os mesmos personagens em cheque novamente.

65) E VAI DAÍ PARA PIOR, SE POSSO ADIVINHAR?

Infelizmente, sim. As visitas do conde se tornam frequentes e ele sempre a cortejar Andrea, que lhe permite o assédio.

Passam a se encontrar no jardim de tílias existente no palácio e esses diálogos tornam próximos os sentimentos e os corpos dos dois envolvidos.

Carícias e beijos ardentes são trocados no silêncio e escuridão das noites mal iluminadas daquela época.

Andrea esboça reações frágeis que são sempre vencidas por aquele relacionamento progressivamente ardente e perigosíssimo!

Entretanto, o assédio do conde sobre sua prima não passa despercebida a Arthur. Nem a discreta permissão dela para que isso aconteça.

O moço se revolta e enciumado e revoltado por Andrea ser prometida de seu irmão Alexis, busca o socorro de Victor e conta a ele tudo o que tem percebido no convívio entre o conde Marcus e a prima.

O irmão mais velho, incontinenti, convoca a jovem para uma reunião privada. Expõe os fatos a ela que acaba, finalmente, após tentar negar tudo a princípio, confessando que os encontros estão realmente acontecendo por entre as tílias do palácio ocultos aos olhos dos parentes.

Diante desses graves fatos, Victor procura pelo pai Joseph Hugo e propõe que antecipem o casamento de Andrea com Alexis, evitando contar ao progenitor as reais razões para esse pedido.

O velho conde, desconhecendo o que está ocorrendo, não concorda com a proposta porque enxerga a filha muito faceira e feliz ultimamente.

Victor conclui que não obterá o apoio do pai para realizar o casamento da irmã antes do tempo combinado, e após advertir Andrea sobre suas atitudes indignas e perigosas para uma pessoa honesta, Victor procura o conde Marcus em seu próprio castelo e revela saber o que está ocorrendo entre ele e a sua irmã no castelo dos Guzman.

O homem sedutor revela que está realmente apaixonado por Andrea e deseja se casar com ela.

Victor volta a lembrá-lo de que a irmã já está comprometida com um primo e não poderá romper o compromisso, mesmo porque ela não ama o conde, segundo revelou a ele em conversa que os dois tiveram no castelo da família antes de sua visita.

Marcus de Villiers finge concordar, mas planeja falar diretamente com o representante mais velho da família Guzman, o conde Joseph Hugo, pai de Andrea.

Planejou e assim o fez. Procurou Joseph Hugo e expôs suas pretensões em relação à filha mais nova.

Entretanto, o homem que seguia rigorosamente as tradições familiares respondeu-lhe que Andrea já estava comprometida com um primo que estudava em Paris, solicitando a Marcus que não mais retornasse ao seu castelo em Saint-Omer, pois a sua presença era uma ameaça à tradição da família.

66) SABE EM QUEM ESTOU PENSANDO? NO OBSESSOR, COM ESSA ATITUDE LEVIANA DE ANDREA QUE SE COMPROMETIA CADA VEZ MAIS, MORALMENTE FALANDO.

Para usar uma expressão popular, o obsessor babava de ódio! Via Arthur que fora seu filho no século passado, agora como Henri de Numiers, paralítico sobre uma cama como consequência de um suicídio provocado por Andrea quando na pessoa de Berthe de Sourmeville.

Somava-se a isso o comportamento desregrado dela com o conde Marcus de Villiers. No seu entendimento não havia mais razão de ele continuar respeitando o pacto de trégua feito com Victor. Andrea conheceria toda a carga de ódio que dentro dele mais parecia um vulcão em erupção.

Essa era a situação do obsessor. Imagine você do que ele não seria capaz para vingar-se!

67) O SEDUTOR MARCUS DE VILLIERS CONTINUAVA O SEU ASSÉDIO SOBRE ANDREA?

Tinha planos terríveis! Ao perceber que o casamento por vias normais não seria realizado para tê-la como esposa, arquitetou um plano para possuí-la como amante. Apertou o cerco sedutor sobre o seu alvo com bilhetes apaixonados que fazia introduzir no interior do palácio por meio de um serviçal que namorava uma dama de companhia de Andrea.

Naquele tempo, como hoje e creio que como sempre, a corrupção sempre dá um jeito de conseguir o que deseja. Pelo menos enquanto na Terra predominar o mal.

Marcus conseguia alcançar a jovem com esses recados de um homem perdidamente apaixonado e desesperado por tanto amar.

Propôs a ela que o encontrasse mais uma única vez, mas não entre as tílias já conhecida de alguns. Agora o local do encontro seria onde estivessem as braçadas das belas rosas e que era exatamente oposto ao outro lugar do jardim de tílias.

Depois desse encontro de despedida, ele partiria novamente para a América, frustrado e desesperado por esse amor impossível, e a deixaria em paz para sempre.

Ela aquiesceu, e na noite combinada comparece ao local indicado.

Marcus de Villiers a envolve de maneira potente dando início ao seu plano. Se diz desesperado de amor por ela! Afirma que não conseguirá viver sem esse amor e vai como que agredindo fisicamente Andrea. Ela se debate. Tenta escapar, mas mãos poderosas a seguram com loucura.

Um drama lamentável se desenrola no parque de Saint-Omer no meio das latadas de rosas.

Finalmente, quando Andrea é solta pelo conde instigado pelo obsessor e retorna ao seu quarto, ela já não era mais a noiva de Alexis de Guzman, mas a amante de Marcus Villiers!

Tudo estava consumado. A honra de Andrea e da família de Guzman estavam ultrajadas!

68) E DEPOIS DE TER SIDO ASSIM TÃO INFAME, O CONDE PARTE REALMENTE PARA OUTRAS TERRAS?

Não. De maneira nenhuma. Seus planos continuam outros.

Manda reformar seu castelo e enfeitá-lo porque ele iria se casar. Entende que depois de desonrar Andrea de Guzman, a família o aceitaria como genro desfazendo o compromisso com o primo dela, Alexis.

Para a concretização dos seus desejos continua a enviar bilhetes apaixonados para Andrea pelo namorado de Matilde, sua dama de companhia.

Que não fosse pelo amor dele por ela, mas que ela tornasse a vir ao seu encontro no mesmo local da noite fatídica ou Marcus iria revelar a Alexis o que estava acontecendo entre os dois.

69) Mas ela retornou a esse lugar?!

Sim. Temia um confronto com o seu pai, um duelo quando Marcus revelasse ao velho Hugo o que havia ocorrido.

Naquela época a honra era lavada com sangue. E para evitar essa tragédia, Andrea comparece mais uma vez, e mais outra, e outra mais, durante três meses seguidos!

O que não perceberam é que estavam sendo observados por um serviçal do castelo. Incontinenti, esse homem põe Arthur a par do que vinha ocorrendo nos lugares mal iluminados do castelo dos Guzman.

Como nada mais podia fazer em favor da prima, ele resolve informar Victor, irmão de Andrea, sobre a gravidade que esse relacionamento atingira, tanto para Andrea como para toda a honra da família dos Guzman.

A irmã de Victor estava grávida do conde Marcus de Villiers!

70) O obsessor conseguiu o que queria!

Ainda não. O obsessor queria mais!

Diante daquela situação de Andrea, desonrada e grávida, Victor teve que colocar o velho pai Joseph Hugo a par de toda a situação. O senhor Hugo, por sua vez, dirigiu-se ao castelo do conde Marcus de Villiers a tomar-lhe satisfação da desonra que lançara sobre a família.

Imediatamente Marcus de Villiers propõe casamento com Andrea para sanar a situação, que é o que ele realmente desejava. Seu plano estava caminhando bem.

O conde de Guzman aceita a princípio a proposta de Villiers, mas tinha que submeter a decisão ao conselho de família.

Os membros seriam convocados e duas propostas seriam apresentadas para decidir o destino da filha: ou ela se casava com Marcus ou iria para um convento viver para o resto da sua existência em clausura após o nascimento da criança.

E tinha mais uma condição: Andrea assistiria ao julgamento da família sendo submetida a toda vergonha que a situação sobre ela se lançava! Grávida, desonrada e na presença inclusive do seu prometido Alexis de Guzman. Ou seja, uma tragédia completa.

71) E NEM ASSIM O OBSESSOR SE DAVA POR SATISFEITO?

Não. Ele queria mais! Todos os acontecimentos lamentáveis até então derramados sobre a sua perseguida ainda não eram suficientes para satisfazer o seu ódio.

Andrea vivia em completo desespero. Não desejava se casar com Marcus de Villiers. Preferia antes a morte.

Não encontrava apoio nos pais que se envergonhavam de suas atitudes. Apenas Victor era a presença mais constante em sua vida procurando acalmá-la e levar-lhe algum conforto.

Começou a se desenhar na sua mente a ideia do suicídio como solução única e definitiva para todos os problemas, com total apoio, obviamente, do espírito que desejava a sua ruína.

Entendeu agora qual era o objetivo final do obsessor? Suicídio com todas as consequências trágicas desse ato.

Desejava ele mais ainda. Influenciou Andrea para convencer Alexis a suicidar-se com ela. Afinal, eles não se amavam? Quantas histórias de amor que a literatura não continha apontando esse fim para os apaixonados?

A morte dos dois exporia uma vingança completa para aquele que fora Arnold de Numiers. Andrea, a antiga Berthe de Sourmeville, e Alexis, o antigo Louis de Stainesbourg, responsáveis pela traição ao seu filho Henri e que culminou com o suicídio dele, pereceriam do mesmo jeito e colheriam todo o sofrimento atroz de um suicida.

Só que essa parte o obsessor não conseguiu. Alexis desperta em tempo e abandona essa ideia trágica, deixando Andrea mais sozinha ainda.

A moça mergulha num desespero total, acossada pelo obsessor que lhe insuflava incansável e ininterruptamente a ideia do suicídio.

Victor, o pai e Alexis são alertados de que algo muito grave está se passando com Andrea por pessoas que percebem o desespero da moça.

Ao caminharem ao seu encontro para oferecer apoio, ela foge por uma porta lateral do castelo e se precipita para fora em direção ao oceano.

Seu obsessor a persegue implacável: "lançar-se nas águas para pôr um fim ao seu sofrimento e à desonra que lançou sobre toda a família!" – era uma sugestão ininterrupta na mente de Andrea.

Os três personagens percebem a intenção de Andrea e tentam alcançá-la, porém, ela está possuída por uma resistência sobre-humana!

Corre desesperadamente e de forma determinada para o penhasco para se jogar nas águas revoltas do oceano que se quebram nas pedras embaixo.

Victor grita por seu nome. O pai faz o mesmo. Alexis quase a alcança, mas ela lhe foge às mãos.

Ouve-se uma sinistra e estranha gargalhada naquele local e Andrea consuma o suicídio atirando-se rochedo abaixo.

O obsessor havia vencido.

72) E QUAL A SITUAÇÃO DO ESPÍRITO DA SUICIDA?

De intensos sofrimentos. Andrea revivia ininterruptamente a cena do corpo estraçalhado, batido pelas fortes ondas do mar, devorado pelos peixes, a sensação de afogamento que se repetia.

E para agravar ainda mais os seus sofrimentos, ouvia a voz de uma criança que pedia socorro a ela. Lembremos que Andrea se suicidou estando grávida. Portanto, não matou apenas a si mesma, mas retirou a oportunidade de um outro espírito de reencarnar ceifando-lhe a vida em desenvolvimento no seu ventre.

Além dessas sensações repetidas ao infinito, lembrava-se de tudo o que perdera: do amor dos primos Arthur e Alexis e daquele que era para ela um verdadeiro pai, o irmão Victor.

Lembrava-se das oportunidades perdidas de aprendizado sobre Deus, a vida, a imortalidade da alma.

Enfim, sua consciência a impelia a um renovar de sofrimentos e de angústias pelas oportunidades definitivamente perdidas naquela existência.

Às vezes conseguia deslocar-se até o castelo em que morava para retornar rapidamente ao local de sofrimento no meio das águas e rochas do oceano.

Ela só não sofreu mais porque Arnold de Numiers, seu obsessor, não permaneceu junto dela para levá-la e torturá-la ainda mais em regiões do plano espiritual para onde os obsessores costumam levar suas vítimas com o objetivo de impor-lhes o máximo de sofrimento possível.

Seu corpo nunca foi encontrado pela família.

73) E OS DEMAIS FAMILIARES DESSE DRAMA TODO, QUAL O DESTINO DELES? ESPECIALMENTE DO CONDE MARCUS DE VILLIERS, DIRETAMENTE ENVOLVIDO?

Pois é! Por incrível que pareça, ele realmente amava muito Andrea.

Depois da sua morte, fechou o castelo em que vivia e distribuiu entre os pobres da região o dote financeiro que seria destinado a ela no casamento. Dessa maneira, auxiliou a muitos necessitados e escolas da região.

Deixou a França e retornou para a América, onde se casou e foi um bom marido e pai. Continuou a auxiliar aos mais necessitados e converteu-se ao protestantismo. Durante toda a sua existência, que foi longa e produtiva, nunca deixou de lembrar-se de Andrea e de pedir a Deus por ela.

Alexis optou pela carreira religiosa e ordenou-se padre franciscano, tendo amparado o irmão paralítico, Arthur, até a sua desencarnação que ocorreu aos vinte e cinco anos.

Os pais dela retornaram para Madri e a sua mãe passou a ser atormentada pela consciência culpada de ser tão ausente na vida da filha.

Victor, após a morte dos pais, voltou ao Oriente para estudar as origens do cristianismo e dar continuidade aos estudos das ciências esotéricas como tinha feito anteriormente. Nunca mais voltou para o Ocidente naquela existência.

Creio que assim encerramos nosso século XVIII.

# SÉCULO XIX

| Século I | Século XVI | Século XVII | Século XVIII | Século XIX |
|---|---|---|---|---|
| Lygia | Ruth Carolina | Berthe de Sourmeville | Andrea de Guzman | Nina |
| Sakaran | Carlos Filipe II | Padre Antoine Thomas | Victor | Ramiro de Montalban |

Esses são os principais personagens no início do século XIX envolvendo a vida de Yvonne Pereira e o espírito que a tem na consideração de filha há muitos séculos.

74) Que nome simples? De quem se trata?

Exatamente da nova reencarnação de Andrea, a suicida do século XVIII. Seu nome era Eponina Vidigal. Não era cigana como às vezes se divulga. Vivia entre os ciganos por uma questão de sobrevivência. Era judia da região de Andaluzia. Ficou órfã de mãe com apenas um ano de idade, e de pai aos 17 anos.

Enganada por um fidalgo engravidou, mas o filho morreu com apenas um ano de idade por condições precárias de tratamento.

A partir desse episódio, ela se juntou a um grupo de ciganos cujo chefe chamava-se Michaelus.

Nina dançava muito bem e esse grupo se apresentava em uma espécie de cabaré em um beco de Madri.

Nessa reencarnação, sob o ponto de vista físico, foi a que mais esse espírito sofreu. Enfrentou a miséria, a doença incurável e sem o devido tratamento paliativo, a fome, o frio, foi enxotada do abrigo como um animal sarnento, como iremos constatar. Além, evidentemente, de todo sofrimento moral que também a acompanhou.

75) E O SEU PROTETOR DE TANTOS SÉCULOS? O PRÍNCIPE SAKARAN REGENERADO E PRESENTE NAS PESSOAS DE CARLOS FILIPE II, PADRE ANTOINE THOMAS E VICTOR DE GUZMAN, ESTAVA TAMBÉM REENCARNADO?

Sim. A Providência Divina tinha preparado isso, porque, como já falamos, o socorro nunca nos falta. O que falta é a nossa percepção na forma como esse socorro se apresenta.

Reencarnado com o nome de conde Ramiro de Montalban, esse espírito exerce a profissão de médico, sendo também pianista, filósofo, enfim, um espírito acima da evolução comum dos homens de sua época.

Prova disso é que mantinha um hospital para atendimento aos doentes sem recursos, protegia órfãos em casa de caridade e na sua própria residência, o Palácio de Montalban!

Esse lugar era uma espécie de albergue que abrigava muitos necessitados, como mães sem domicílio, crianças doentes, jovens sem recursos. Sentavam-se à mesa com ele, mesmo que estivessem presentes outros convidados da nobreza.

Fundara também, com o auxílio de outros amigos que lhe comungavam o ideal, a Associação Beneficente de Recuperação da Juventude destinada a recuperar almas juvenis perdidas no vício que eram reconduzidas para uma vida digna.

Diante disso tudo podemos concluir que era um espírito de grande evolução para aquela época da humanidade, em seu século XIX.

### 76) E como foi o encontro entre ele e Nina, reencarnação de Andrea?

Veja bem como os planos superiores traçam sua rota com segurança.

O conde Ramiro viveu na época que precedeu a codificação da doutrina espírita, mas já era moda o fenômeno das mesas girantes por meio das quais os espíritos se manifestavam, embora a sociedade utilizasse disso como divertimento sem atinar com a grande revelação que se avizinhava.

Numa determinada ocasião, estando o conde presente a uma dessas comunicações, foi dirigido a ele um recado por meio de uma entidade desencarnada, segundo a qual dom Ramiro se encontraria com um espírito muito caro a sua alma. Eles estavam ligados por um amor espiritualizado há muitos séculos.

O espírito comunicante informou ainda que essa pessoa tinha cometido suicídio na existência anterior e retornava para acertar-se desse débito de forma muito dolorosa.

Ramiro de Montalban não deu muito crédito ao comunicado. Tomou a informação a título de algum espírito mistificador.

Sim, ele acreditava na possibilidade de comunicação do plano espiritual com os homens. Lembra-se de que em outras existências ele estudou as ciências orientais que revelavam o mundo espiritual?

Para ele, portanto, a comunicação de um espírito não era um fato sobrenatural, uma hipótese a ser estudada, mas uma possibilidade real.

Depois desse ocorrido, teve um sonho determinada noite em que se viu caminhando por uma rua de Sevilha, quando viu uma bela bailarina que lhe pareceu ser cigana. Correu para ela, tomou-a nos braços muito emocionado como se estivesse diante da própria irmã.

O problema é que sua irmã chamava-se Cristina e era aluna das freiras dominicanas, não tendo nada a ver com a bailarina de aparência cigana.

77) SÓ QUE AINDA CONTINUO NÃO ENTENDENDO COMO ELE ENCONTROU NINA!

Já vai entender. Dom Ramiro estava indo em sua carruagem assistir a uma peça de teatro com a sua noiva portuguesa de nome Constância.

Ela era jovem, bonita, mas extremamente ciumenta. Tão ciumenta a ponto de introduzir como serviçais de Ramiro sob o pretexto de auxiliá-lo na organização do seu palácio, duas pessoas de sua confiança.

Eram elas Rosária e seu filho Manuel, que havia sido criado com Constância desde a infância e cuja maior obrigação era a de mantê-la informada de tudo que fazia Dom Ramiro.

Ao passar a carruagem do fidalgo pelo bairro cigano, deparou-se o veículo com uma grande algazarra provinda de um aglomerado de homens. Eles assistiam a uma bonita cigana dançando em cima de um tablado em frente a um cabaré, com o objetivo de atrair clientes para o local. Esses frequentadores encontrariam comida, danças executadas por belas dançarinas ciganas, e outros divertimentos variados e, até mesmo, a opção de aventuras amorosas rigorosamente vigiadas pelo chefe do grupo de nome Michaelus, *administrador* dessas infelizes mulheres que caíam sob o seu domínio.

Ao perceber a carruagem parada, Dom Ramiro afastou a cortina que vedava a pequena janela do veículo para olhar o exterior daquele ambiente agitado e vislumbrou a cigana jovem que dançava executando belos movimentos com o corpo todo ao som de músicas características.

Seu coração disparou! Um frêmito estranho percorreu-lhe o ser e ele deixou escapar uma expressão que chamou a atenção de Constância: "Como pode ela estar aqui nesse ambiente sórdido? Não pode ser! Isso é um crime! Não posso concordar com isso!" – falou como se conversasse consigo mesmo.

Na realidade, ele nunca tinha visto aquela cigana! Mas seu espírito já estava devidamente preparado pelo sonho e pelo aviso que recebera das mesas girantes de que iria encontrar uma alma querida de outras existências. A figura daquela mulher era exatamente a que tinha visto em sonho quando andava pelas ruas de Sevilha! Só podia ser ela o seu grande amor espiritual de várias existências anteriores.

Durante a peça de teatro ao lado da noiva, Dom Ramiro não conseguia encontrar o sossego buscado. Aquela figura a bailar para os homens tocara-lhe o coração. Ele tinha que voltar àquele local para se informar sobre a bailarina.

Assim que a peça terminou, deixou a noiva em sua residência e alegou que voltaria para o seu palácio.

Constância estava desconfiada que o noivo buscaria aventuras naquele cabaré porque desconhecia a grandeza espiritual de Dom Ramiro.

Como tinha a consciência tranquila, ele retornou para o antro lamentável onde homens de todos os níveis buscavam as mais variadas aventuras.

Sua presença no local despertou a maldade humana e comentários mordazes eram lançados como veneno pelas mentes comprometidas com o erro. "Até Dom Ramiro naquele local?!".

Mas isso não o incomodou porque estava em paz consigo mesmo.

Buscou pela figura da bailarina que veio atendê-lo à mesa pensando tratar-se de mais um eventual freguês.

Nina sentou-se, pediu a Dom Ramiro que lhe pagasse algum alimento porque estava faminta e não comia há tempo. E por algum tempo ele se inteirou da vida daquela pobre mulher de apenas vinte anos.

Não era cigana. Juntara-se a eles por uma questão de sobrevivência.

Michaelus era o chefe de todos. Espancava-a e o dinheiro que ganhava atendendo às aventuras a que tinha que se submeter era dado para ele.

Entretanto, desejava deixar aquela vida. Estava doente e extenuada para continuar vivendo naquelas condições.

Dom Ramiro, coração grandioso, tocou-se de piedade por aquele ser humano e prometeu libertá-la daquele tipo de vida.

Conduziu a moça em sua carruagem até o cortiço onde ela morava após o devido pagamento a Michaelus por tê-la como companhia naquela noite.

Como é perversa, má e deturpada a mente daqueles que não sabem o que significa o verdadeiro amor!

Ao chegar ao seu palácio de madrugada, o serviçal Manuel, observando o adiantado das horas, tinha um prato cheio para levar até Constância que já estava desconfiada, desde a parada da carruagem na frente daquele cabaré, de alguma atitude infiel do seu noivo. Inclusive tinha observado Manuel que o conde voltara sem a sua capa!

78) E dom Ramiro conseguiu cumprir a sua promessa feita a Nina?

Como não? No dia seguinte despachou Felício, o seu cocheiro de confiança, em direção ao cortiço onde Nina morava para buscá-la e levá-la até o hospital mantido por ele. Enquanto isso, o médico filantropo pediu auxílio a um grande amigo e homem de coração bondoso como o dele, o visconde Carlos de C. que o atendeu prontamente, recebendo e cuidando da jovem durante todo o seu longo tempo de internação.

Dom Ramiro não quis misturar seus sentimentos, tratando ele mesmo da jovem Nina. Enquanto o amigo Carlos cuidava do corpo, Ramiro ditava-lhe inúmeras orientações para a sua saúde moral.

Quando estava para ter alta, dom Ramiro não se permitia deixá-la retornar ao antro em que vivia, pois que se enfermaria novamente. Resolveu, então, levá-la para morar em sua casa de campo onde podia ficar e ter uma vida mais digna.

Com o passar do tempo, entretanto, Nina, sentindo-se melhor, expressa ao seu benfeitor o desejo de retornar a dançar em um grupo decente que percorre alguns países da Europa.

Desejava ganhar a vida por ela mesma. Dom Ramiro concorda com a condição de mantê-lo informado sobre o seu estado de saúde sempre que possível.

O tempo passou e no dia em que vai completar vinte e sete anos, o conde dá uma festa aos amigos mais íntimos e faz a eles a surpresa de um espetáculo de dança com um grupo que está percorrendo várias cidades e apresentando-se com boa qualidade artística.

Dentre os dançarinos está Nina. Nessa festa também se encontra, obviamente, Constância, a noiva de dom Ramiro.

79) Meu Deus! Lá vem confusão de novo!

E da grossa, meu amigo. O grupo apresentou-se muito bem e recebeu o aplauso de forma unânime.

Depois dessa apresentação, os convidados foram chamados ao salão de refeição onde um almoço seria servido a todos os presentes. E Nina também foi convidada para participar com os demais convidados e dom Ramiro a conduziu pelas mãos para apresentá-la a sua noiva.

Será que eu preciso continuar descrevendo o que aconteceu?!

Exatamente isso que você está pensando. Constância, tremendamente ciumenta e cujos sentimentos eram incapazes de acompanhar a evolução espiritual do noivo, recusa-se a permanecer no local com aquele tipo de mulher e deixa o palácio.

A comemoração continua após a tentativa frustrada de dom Ramiro para convencer a noiva de ficar e apresentá-la a Nina, já que nada tinha comprometendo a sua consciência.

Todos estavam felizes, apesar do constrangimento da situação.

Nina ganhou um pequeno anel do médico como prêmio por ter se apresentado muito bem para os convidados.

Em vão procurou o conde, por diversas vezes, fazer a noiva compreender os seus sentimentos fraternos em relação à pobre cigana.

Orgulhosa, ciumenta, sem sentimento de caridade pelos sofredores, preferiu o rompimento do noivado. Só que Rosária e Manuel, os espiões dela, permaneceram no palácio de dom Ramiro.

O conde filantropo continuou em suas atividades em favor dos menos favorecidos pela sorte até que um dia, decorrido um certo tempo, ele é procurado por uma pessoa que pede socorro para a judia Nina que estava muito mal de saúde.

Imediatamente a trouxe de volta ao hospital e a tratou com o mesmo desvelo da outra vez.

Tendo melhorado, dom Ramiro decidiu levar Nina para morar em seu castelo, dentro de um clima de relacionamento de pai para filha, já que o seu noivado havia sido desfeito por decisão de Constância. Como tinha o coração puro, isento de maldades, não percebeu que levava a jovem bailarina para morar no seu palácio como alguém que leva um cordeiro para entregar ao lobo.

Rosária e Manuel continuavam lá!...

80) MAS NÃO É POSSÍVEL! É UMA CONFUSÃO ATRÁS DA OUTRA!

É. Errar demanda um segundo. Reparar o erro pode custar séculos! E Nina experimentaria isso mais uma vez.

Como Constância mantinha-se em contato com os serviçais colocados no castelo do conde com a intenção de vigiá-lo, começa a passar as mais terríveis orientações aos mesmos para acabar com a "cigana" maldita.

Quando dom Ramiro precisou ausentar-se para uma longa e distante viagem em companhia do seu grande amigo médico, visconde Carlos de C., até regiões longínquas da Europa, os cúmplices encontraram a ocasião para acabar de vez com a bailarina.

Despediram o cocheiro Felício e iniciaram o ataque odioso sobre ela.

Nina tinha que cozinhar os escassos alimentos que deixavam à sua disposição no palácio. Precisava lavar a própria roupa. Limpar os seus aposentos. Ou seja, impuseram a ela a falta de uma alimentação adequada para combater a enfermidade do pulmão e a sobrecarregaram fisicamente com trabalhos pesados que minaram ainda mais suas fracas energias.

81) Foi aí que ela morreu?

Antes fosse. Como dom Ramiro estivesse ausente e bem longe da Espanha, Rosária e Manuel forjaram uma carta em nome dele dirigida a Nina, onde o conde pedia que ela deixasse o castelo porque ele iria se casar e a presença dela naquele local já não era mais bem-vinda.

E fizeram mais: toda vez que chegava uma carta de dom Ramiro pedindo informações sobre a saúde dela, eles informavam que tudo estava perfeitamente bem.

Em resumo: Nina foi enxotada do castelo e não tinha para onde ir! Perambulou por vários locais antes conhecidos, mas ninguém queria a sua presença com medo de contrair a doença, que era incurável naquela época. Vagou sem rumo debaixo de chuva, do frio, passando fome e no próprio hospital de Dom Ramiro, médicos novatos que lá se encontravam não permitiram a sua permanência.

Lembra-se quando eu disse que nessa reencarnação foi onde mais esse espírito sofreu, fisicamente falando?

Aconteceu, porém, do médico visconde Carlos de C. retornar para a Espanha antes do colega.

Felício encontrou Nina jogada como um trapo nas portas do palácio de dom Ramiro e a recolheu amorosamente e levou-a ao hospital onde o visconde a recebeu como a uma filha. Mas já era tarde demais. A doença vencera. Antes de desencarnar, Nina retirou do dedo magro o anel que ganhara do seu benfeitor e pediu a Carlos de C. que o entregasse a ele com todo o seu agradecimento.

Retornando dom Ramiro a Madri, ele, aos poucos, vai descobrindo toda a trama sórdida que levara Nina à morte.

Embora de coração extremamente bondoso, num momento de fúria e revolta com a atitude de Rosária e seu filho Manuel, expulsa do seu castelo os comparsas de sua ex-noiva a chicotadas.

82) E TUDO ACABOU ASSIM?

Ainda não. A vida prossegue depois da existência terminada, não é assim?

Dom Ramiro vivia de coração dolorido por tudo que Nina passara na sua ausência. Pensava nela o tempo todo e pedia a Deus por seu espírito.

Ele mudou-se para Paris na época em que a doutrina espírita já tinha sido codificada para a humanidade por Allan Kardec.

Em uma das reuniões mediúnicas, uma longa carta é endereçada ao médico humanitário. É Nina que volta e faz extenso relatório de suas existências anteriores para o seu benfeitor.

Depois de um ano o fidalgo retorna a Madri. Em um dia em que está no seu escritório percebe a presença de Nina e dialoga com ela agora que ele já havia se inteirado das orientações da doutrina espírita.

E para a sua imensa surpresa Nina lhe faz um pedido: ela precisava voltar a uma nova existência e tinha obtido a autorização para ser sua filha! Pediu-lhe Nina que se reconciliasse com Constância para que ela fosse a sua mãe!

Está vendo como age a Justiça Divina? A mulher que se recusara a sentar-se na mesa com ela na festa de comemoração do aniversário do noivo e que inclusive rompera o noivado por ciúmes dela, a embalaria nos braços como filha, caso dom Ramiro aceitasse o pedido de Nina.

De um coração repleto de amor como o dele não poderia se esperar outra coisa: dois meses depois Constância e dom Ramiro se consorciavam. Nina estava a caminho!

# SÉCULO XIX
## Nina – Leila – Dom Carlos Ramiro

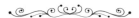

83) Devo entender que Nina voltou a reencarnar logo depois no mesmo século? É possível duas reencarnações assim tão próximas?

Nas questões de números 223 e 224 de *O Livro dos Espíritos* aprendemos que isso é possível, sim.

Nina voltou como ela mesma anunciou a dom Ramiro de Montalban, como sua filha. E era novamente uma jovem muito linda que adorava tocar piano, sendo fã ardente de Chopin, o músico polonês.

Além disso, o pai lhe proporcionava estudos primorosos em Paris tendo ela nascido em Madri.

Da mesma forma como sempre procurou orientar esse espírito quando reencarnava ao seu lado em existências anteriores para o aspecto moral, para a espiritualidade e religiosidade da vida, ele o fazia novamente com Leila.

Ela, porém, repetia as atitudes anteriores sendo avessa aos ensinamentos morais do pai. Os exemplos com os necessitados de dom Ramiro não penetravam os sentimentos da filha adorada por ele.

A jovem esquivava-se das obras espíritas que o pai possuía em sua farta biblioteca e vivia a recomendar sua leitura para Leila, que dava preferência aos romances que muitas vezes acabavam em tragédias por amor.

Um determinado dia a filha pediu-lhe permissão para realizar um sarau no palácio. Leila gostava muito desse aspecto social da vida terrena. Gostava de se sentir notada, elogiada pela sua beleza e pelo talento ao piano, principalmente nas execuções das obras de Chopin. Adorava os bailes e saraus. Saciava o seu orgulho quando monopolizava as atenções nas rodas sociais da época.

Chegou o dia da festa e nela aconteceria um novo encontro de almas ligadas ao passado de outras existências.

84) E ESPERO QUE DESSA VEZ SEJAM REALMENTE PARA SE ACERTAREM!

Pois é. Lembra-se do amigo médico de dom Ramiro, o visconde Carlos C. que trabalhava com ele no hospital onde atendiam os necessitados sem posses, não é? Nessa festa estava um jovem de vinte e cinco anos, filho adotivo do visconde, por nome de Roberto Canallejas.

Retirado de um orfanato pela bondade de dom Carlos, Roberto também se formara em medicina e trabalhava com o pai e dom Ramiro.

Estando no sarau, ouvia Leila dedilhar o piano com maestria e ficou embevecido a ponto de solicitar ao pai de Leila permissão para falar com a moça depois da apresentação.

Naquela época assim determinava o respeito à tradição familiar. Hoje em dia!...

85) Não vai me dizer que Roberto de Canallejas foi o...

Não sou eu quem diz. É a vida. Roberto realmente era a reencarnação de Luís de Narbonne, o Capitão da Fé, depois Henri de Numiers e Arthur de Guzman, sucessivamente.

86) Lá vem confusão das grossas outra vez!

Prossigamos. Como esses dois espíritos já haviam se amado em outras existências, apesar de todos os tropeços, não é difícil concluir que a atração renasceu e frutificou novamente. Mais pura em Roberto do que em Leila. Ao mesmo tempo em que o amava, em dados momentos sentia determinados temores dele que não sabia definir por quais motivos. Mas nós sabemos. É só nos recordarmos das tragédias anteriores no encontro dos dois nos séculos XVI, XVII e XVIII.

Apesar desses conflitos interiores, Leila ansiou pelo casamento com Roberto de Canallejas como se a fosse tornar mais livre do que já era.

A mãe desejosa de que ela voltasse a estudar em Paris e o pai que ela se evangelizasse com os seus ensinamentos e despertasse, enfim, para a prática da caridade como ele, representavam para ela uma certa forma de cerceamento do que realmente gostava. Como dissemos, Leila não queria retornar aos seus estudos em Paris, mas continuar em Madri ou Lisboa mergulhada nas festas sociais da época.

Um pequeno desentendimento entre o casal, após o casamento, aconteceu quando o marido demonstrou que gostaria de morar na Quinta de Vilares, que era uma propriedade mais discreta da mãe de Leila, e ela deixou claro que preferia viver no palácio com os pais.

Isso demonstrava como a jovem dava muito valor aos aspectos da alta sociedade onde tinha oportunidade de ser endeusada pelos seus talentos. Precisava do reconhecimento do público, de projeção social e dos aplausos pela sua arte.

Esses sentimentos ela expunha ao pai nos momentos de intimidade com ele.

O grande problema é que Roberto de Canallejas não era voltado para essa parte social da existência e Leila não queria magoá-lo porque era um marido amoroso.

Mas a vida prosseguiu e logo Leila se tornou mãe de uma formosa menina chamada de Lelita. Alguns autores dizem que o nome seria Lalita, mas não importa. O fato é que o casal tinha uma filha para amarem e cuidarem.

Ao completar seus vinte e um anos, a jovem dama resolveu dar um sarau em sua residência para saciar a sua sede de convívio social.

Brilhou na apresentação das suas músicas e atraiu a atenção de um personagem conhecido por conde de Saint-Patrice, Marcus de Villiers.

Esse fidalgo era também entusiasta da música e tocava o cravo e o piano. Por meio dele Leila recebeu um convite tentador que ia ao encontro do seu desejo de se ver consagrada pelo público, aplaudida, admirada, glorificada. Ela precisava do reconhecimento daqueles que a rodeavam.

O convite era para se integrar como pianista em um grupo montado por um maestro austríaco que iria percorrer a Europa, à semelhança de orquestras consagradas.

Essas sementes caíram no solo fértil da vaidade e do orgulho da esposa de Roberto de Canallejas.

A partir desse momento delicadíssimo de sua vida moral, Leila começou a oscilar entre aceitar o convite e ser consagrada como pianista famosa pelas multidões por onde se exibisse ou ficar com o marido e a filha ainda pequena como esposa e mãe.

A vida nos apresenta essas equações para que possamos vencer nossas imperfeições e conquistar virtudes ou sucumbir assumindo novos compromissos de resgate perante a consciência culpada.

O conde de Saint-Patrice continuava enviando cartas a Leila, massageando o seu ego fazendo-a pensar em ser uma mulher de triunfo, consagrando-se no mundo musical.

Dir-se-ia que ele a conhecia nos mínimos detalhes e conseguia tocar nos seus pontos fracos.

Esse drama continuou a agitar o íntimo de Leila, até que um dia, quando o pai adorado estava em Madri com a esposa, ela tomou a decisão de partir, de seguir com o grupo que percorreria vários países da Europa em companhia do conde de Saint-Patrice. Ela tinha feito a sua escolha valendo-se do livre-arbítrio que a Providência Divina confere a cada uma das suas criaturas.

Chamou uma carruagem após aprontar suas malas e despediu-se da filha que chorava abraçada ao seu pescoço dizendo à menina que voltaria depois de alguns meses, entregando friamente a criança a sua ama.

Deixou ainda um bilhete com poucas palavras pedindo que não procurassem por ela.

87) Esse conde de Saint-Patrice ou Marcus de Villiers não é o mesmo espírito que desonrou Andrea levando-a ao suicídio no século XVIII?

Para você ver como a vida funciona semelhante a um bumerangue.

Ao ver Leila, sem que soubesse que era a reencarnação de Andrea, sentiu-se novamente possuído pela paixão anterior e desejou tê-la novamente para si. Como não conseguiu impedi-la de se casar com Roberto de Canallejas, tentou-a com a proposta de integrar o grupo de músicos que realizaria apresentações por diversas cidades apenas como um meio de ter Leila ao seu lado como sua amante, como fizera antes no século passado engravidando Andrea para obrigá-la a se casar com ele.

88) Mas como a vida é complicada! Coitado do nosso amigo Roberto! Abandonado novamente pela mulher que amava?

É a triste realidade. A vida não seria complicada se fizéssemos o que Jesus nos recomendou quando ensinou que deveríamos fazer ao próximo aquilo que gostaríamos que o próximo nos fizesse. Como não procedemos assim, nós complicamos a vida.

Roberto mergulhou num estado de profunda tristeza.

"Porque Leila não conversara com ele revelando o seu desejo de continuar apresentando-se aos amigos nos saraus como quando comemorou seus vinte e um anos? Por onde andaria ela? Estaria passando por alguma necessidade? Teria pessoas realmente amigas ao seu lado? O que estaria acontecendo com a sua Leila?" – perguntava-se constantemente demonstrando como realmente a amava.

Apenas notícias vagas obtidas por alguns jornais de que uma exímia pianista apresentava-se em algumas cidades com um grupo de músicos, era o que se sabia.

A filha também sentia a ausência da mãe e vivia nas mãos das amas. O pai dispensava-lhe atenção nos momentos em que o trabalho permitia, mas não conseguia anular a falta da ausência materna com a criança, que chorava frequentemente.

Dom Ramiro não sabia da atitude da filha já que não estava em Portugal e sim em Madri. Roberto, a fim de poupá-lo, nada disse ao sogro. Sofreu sua grande dor sozinho. Tornara-se uma alma doente.

Como perdeu a razão de sua vida, o médico passou a trazer para sua casa amostras das secreções dos pacientes contendo o perigosíssimo bacilo da tuberculose, desconhecida ainda naquela época, a fim de estudá-las.

O resultado foi a sua contaminação e da filha com essa doença mortal para a medicina de então.

Estaria Roberto cometendo uma espécie de suicídio indireto? Sabia que os doentes contaminados caminhavam para a morte? Não desconhecia que aquele mal não tinha cura?

Estava enfraquecido nas suas defesas físicas pelo desgosto causado pela fuga de Leila. Esquecera-se da oração antes cultivada, de tal maneira que baixara a guarda como se inconscientemente desejasse a morte.

Cumpre informar que além da depressão severa que se abateu sobre ele, inimigos desencarnados que conquistara no século XVI como Capitão da Fé, que trucidara os huguenotes, se somavam para induzi-lo à derrota, à desistência da luta.

É, meu amigo e minha amiga, o ódio pode se manter durante séculos e fazer cobranças em momentos quando não esperamos.

Acabou se afastando do hospital e o pai, Carlos de Canallejas, que estava em Madri, retornou urgentemente para Lisboa.

A pedido do filho Roberto, doutor Carlos não informou a dom Ramiro de Montalban sobre a fuga de Leila, tendo sido notificado apenas da doença do genro e da neta.

Ao chegar na capital portuguesa, conde Ramiro já encontrou a neta sem vida e o genro muito mal. Foi quando ficou sabendo da atitude da filha.

Roberto morreu dias depois da filha com o desejo de segui-la para além-túmulo.

Dom Ramiro de Montalban deu início à busca pela filha para trazê-la de volta para casa, embora a tragédia que vitimara a família.

Leila retornou pouco tempo depois. Estava pálida, emagrecida e decepcionada com tudo que passara na vã e louca tentativa de ser feliz.

Apenas colecionara mais débitos para o seu espírito volúvel, levado pela vaidade e pelo orgulho.

89) E AGORA? APÓS TODAS ESSAS TRAGÉDIAS, COMO ESTAVA LEILA?

De consciência destroçada. Repassou com o querido pai todas as frustrações daquela tentativa de ser aplaudida pelo seu sucesso como pianista.

O saldo amargo da morte do seu querido Roberto e da filha pesavam sobre sua vida como se asfixiassem o seu direito de continuar a viver.

A ideia do suicídio como a solução para toda aquela situação começou a tomar a casa mental de Leila.

Para reforçar o remorso que ela sentia, achou uma carta apaixonada de Roberto no quarto que eles ocupavam como um casal feliz. Nessa carta ele se desfazia de amor por ela, mesmo depois de tudo o que havia sofrido com o seu abandono.

Uma outra carta enviada por sua mãe, Constância, também agravava o quadro de culpa de Leila por fazer sérias recriminações quanto a sua atitude de abandonar a família e ser responsável pela morte do marido e da própria filha.

Manuel Garcia, o serviçal expulso a golpes de chicote do palácio de dom Ramiro de Montalban, quando este descobriu o que fizeram com Nina, tornou-se um terrível obsessor que encontrava a oportunidade para a sua desforra por ter sido expulso daquela maneira humilhante pelo conde de Montalban quando Nina por lá viveu.

Na verdade ele enxergava em Leila a antiga Nina e por isso decidiu persegui-la até a morte para atingir aos dois de uma só vez.

Esses sentimentos de alto conflito perante a consciência culpada foram se avolumando dentro da jovem viúva, culminando com a tragédia da mais falsa de todas as soluções que a mente humana possa conceber: o suicídio!

"O suicídio – pensava ela – resolveria o problema de todos! Ela deixaria de existir e o pai ficava livre para continuar suas obras de benemerência com os necessitados a quem ele tanto amava."

Alugou uma carruagem e dirigiu-se ao rio Tejo e ali, lançando-se nas águas desse rio, aniquilou aquela existência trágica.

Porém, a vida continuou para ela como para todos aqueles que pensam que o suicídio é capaz de anular a determinação divina de que fomos criados para a imortalidade!

90) SE A VIDA CONTINUA, COMO FICOU A SITUAÇÃO DELA APÓS O SUICÍDIO?

Lamentável, como não poderia deixar de ser.

Foi para o vale dos suicidas e por lá sofreu durante quase dez anos o horror inimaginável daquele local, sendo torturada por espíritos voltados para o mal.

Dom Ramiro não a esquecia e pedia constantemente pela filha amada. Suas preces respaldadas em seus méritos como um homem de bem, alcançavam os planos maiores da vida.

Entretanto, a Providência Divina dosava o tempo de permanência de Leila nas regiões umbralinas para que ela obtivesse o devido aprendizado de que tinha necessidade como um espírito reincidente no mesmo ato desesperado do suicídio.

Em uma determinada ocasião, o conde reuniu-se a um grupo de doentes que apresentavam uma melhora temporária das suas enfermidades em uma sala do seu palácio.

Os presentes, que tinham tido contato com os ensinamentos de Allan Kardec e que acreditavam na doutrina espírita, conversavam sobre Leila. Nessa ocasião o coração bondoso de Ramiro de Montalban confessou que perdoava a essa filha amada o ato impensado do suicídio.

O grupo se dispersou após a conversa permanecendo apenas alguns deles que pediram ao conde que tocasse alguma música ao piano, já que ele, além de médico, era um respeitado pianista.

O pedido era feito por uma jovem que se restabelecia parcialmente da tuberculose e que lembrava a sua netinha morta.

Ele não tocava há muito tempo, mas se levantou apiedado da moça que lhe fizera o pedido e sentou-se ao piano.

Recordou-se com saudade da filha querida. E mesmo sem ler as partituras, começou a tocar a música que ele ensinara a Leila quando ela era apenas uma menina: *Fantasie Impromptu*, opus 66, de Chopin.

Os acordes foram penetrando todos os espaços do palácio como outrora. Sua alma recordava-se da filha e pedia por ela.

Orou do fundo do seu ser à Mãe Santíssima que intercedesse por sua filha amada há dez anos nas regiões trevosas.

Pedia à mãe de Jesus que tivesse compaixão dos suicidas, já que ela era a benfeitora amorosa daqueles que partem da Terra por meio desse ato tresloucado de atentar contra a própria vida.

Pedia que Maria de Nazaré se apiedasse de Leila. Que permitisse que os grilhões que a aprisionavam se desfizessem e ela fosse libertada das regiões terríveis da espiritualidade inferior.

Que Leila fosse levada para as regiões de recuperação nos planos tutelados por Maria Santíssima.

As orações desse espírito extremamente bom, que se dedicava aos sofredores da existência durante séculos, alcançaram as elevadas esferas da espiritualidade.

Nesse instante, Leila ouvindo os acordes tocados pelo pai nas regiões inferiores onde sofria torturas, exclamou que era o pai que vinha socorrê-la.

Reconheceu a infeliz que era tarde, mas agora acreditava em Deus e nos espíritos! Que o pai a salvasse, pois já não aguentava mais tanto sofrimento.

Dizendo isso, desfaleceu nos braços amorosos de Roberto de Canallejas, presente no momento do socorro!

Lindíssimo foi o reencontro de Leila com Roberto de Canallejas no plano espiritual após a sua recuperação.

Mas se você quer saber como foi, leia o livro *Leila, a filha de Charles*.*

Afirmo e garanto que você ficará encantado com esse reencontro entre esses dois grandes amores.

---

\*   Editora EME, Capivari, 2016.

# SÉCULO XX
## Yvonne do Amaral Pereira

91) QUER DIZER ENTÃO, FAZENDO UMA RETROSPECTIVA, QUE LYGIA, RUTH CAROLINA DE LA CHAPELLE, BERTHE DE SOURMEVILLE, ANDREA DE GUZMAN, NINA, LEILA CULMINAM NESSE SÉCULO COM A REENCARNAÇÃO DE YVONNE DO AMARAL PEREIRA?

Exatamente isso. Toda a trajetória desse espírito que teve a grandeza moral de expor as suas chagas para nos alertar quanto às consequências de nossos erros.

Parece fácil desnudarmo-nos moralmente falando, mas qual a nossa reação quando nos apontam um pequeno erro, por menor seja ele? Protestamos, revidamos, escondemos nossas pequenas faltas ou procuramos justificá-las com explicações frágeis.

Yvonne, não. Ela abre o arquivo de algumas de suas existências onde se comprometeu gravemente perante as leis de Deus e só por isso merece todo o nosso respeito, gratidão e reverência esse espírito que soube nessa sua última estadia no corpo físico realizar o *triunfo de uma alma*, como pretendo demonstrar.

92) Apesar da redundância da expressão, comecemos pelo começo: onde reencarnou a nossa querida Yvonne?

Ela que vivera por várias existências em castelos e palácios, reencarna agora numa localidade humilde chamada Vila de Santa Tereza de Valença, hoje Rio das Flores, no dia 24 de dezembro do ano de 1900.

Ela que tivera várias existências de fartura material, reencarna num lar pobre, porém digno. Seu pai, inicialmente, dedicava-se ao comércio, mas por ser uma alma boa, acabou falindo e passou a ser funcionário público.

Teve uma infância sofrida porque lembrava-se da sua última existência no século XIX na Espanha e não reconhecia aquela família atual como sendo seus parentes.

Afirmava ao pai que ele não era o seu verdadeiro pai, mas sim o outro (e apontava para um lugar da casa pobre onde não havia nada), o seu querido Charles, espírito que ela via por meio de sua visão mediúnica.

Quando era banhada, dizia que queria o vestido bonito e a carruagem que a levaria a um passeio. Recordações da existência do século XIX na Espanha e Portugal.

93) Charles? Mas o pai dela não foi dom Carlos Ramiro de Montalban?

Sim. Só que na sua existência como Leila, ela transladou o nome *Carlos* do castelhano, para o seu correspondente em francês – *Charles* – que tinha aprendido a ler e a escrever quando estudou em Paris. Daí referir-se a ele carinhosamente como sendo o seu pai Charles.

Por isso apontava para o pai, o senhor Manuel José Pereira Filho da atual existência e dizia que ele não era o pai dela, mas sim o *Charles*.

Essas lembranças desajustaram tanto a menina Yvonne que ela teve que morar até os dez anos de idade com a avó paterna.

Ela já via nitidamente espíritos aos cinco anos. Aos 12 ganhou de presente do seu pai *O Livro dos Espíritos* e *O Evangelho segundo o Espiritismo*.

94) Então ela reencarnou num lar espírita?

Sim. Os planos da espiritualidade superior são perfeitos.

Você deve se lembrar que dom Ramiro de Montalban tentou muitas vezes transmitir-lhe os ensinamentos da doutrina espírita, mas ela refugava.

Então, dessa vez, para não ter chance de falhar, já nasceu em um lar espírita.

E não somente isso. Seu pai era muito caridoso e Yvonne conviveu desde a infância com a assistência que ele proporcionava aos necessitados, atendendo-os em sua própria casa.

Presenciava dessa maneira e aprendia a caridade, tudo o que se negou a aprender com dom Ramiro quando era convidada a visitar os doentes nos hospitais que ele mantinha na sua reencarnação no século XIX.

Um fato marcante na sua vida de recém-nascida se passou aos 29 dias do nascimento quando ela teve um acesso de tosse e entrou em catalepsia, tendo sido dada como morta durante seis horas. Morte essa inclusive atestada pelo próprio médico do local.

A menina foi vestida com uma roupa branca e azul, adornada com uma grinalda e ficou aguardando o caixão branco, como era recomendado para crianças nessa idade.

Sua mãe, desesperada, refugiou-se em um quarto da casa e pediu a Maria Santíssima que não deixasse a filha partir daquela maneira.

Momentos depois a menina acordava chorando.

Segundo a própria Yvonne, tal ocorrência teria se dado pelo fato dela ter praticado suicídio por afogamento em existência anterior. Havia trazido o registro dessa ocorrência e na existência atual se manifestava dessa maneira.

Fato semelhante ocorreu novamente quando ela tinha oito anos de idade. Nesse episódio ela se viu diante da imagem do Senhor dos Passos e pediu-lhe socorro porque sofria muito.

Segundo relatos, a imagem, animando-se, teria lhe dito as seguintes palavras: *Vem comigo, minha filha: será o único recurso que terás para suportar os sofrimentos que te esperam.*

Com apenas 13 anos de idade começou a frequentar sessões práticas de espiritismo onde via os espíritos que lá estavam.

Yvonne, na idade adulta, dizia que a mediunidade, quando existe, não precisa ser desenvolvida, mas educada.

Como em várias existências anteriores ela já percebia a presença de entidades desencarnadas, acabou por desabrochar de maneira intensa a faculdade mediúnica no século XX.

Ao contrário do que se pensa, Yvonne não teve oportunidade de se diplomar em alguma profissão. A vida pobre e a perda dos pais a obrigou a trabalhar cedo nas atividades de bordados, rendas e flores, artesanatos, costura.

Dessa forma iniciou por conta própria a leitura de livros de autores, tais como, Goethe, Bernardo Guimarães, José de Alencar, Alexandre Herculano, Arthur Conan Doyle, tornando-se uma autodidata. A cultura que conquistou também em outras existências permitia que ela lesse esses autores e compreendesse seus livros, já que como Yvonne do Amaral Pereira não tinha podido estudar e conquistar as condições para entender livros de autores tão consagrados.

Tentou a música com o piano, mas teve que renunciar também a isso por causa da pobreza da família. É válido lembrar que fora exímia pianista como Leila.

95) Nossa! O planejamento espiritual foi firme com ela. Cortou todas as possibilidades de desvio do caminho certo.

Sim. Ela trouxe um compromisso seríssimo! Fora duas vezes suicida além de ter desperdiçado muitas oportunidades de ter seguido uma vida de maior equilíbrio. Não deveria falhar novamente porque as consequências seriam terríveis.
Lembra-se de quando se suicidou na Bretanha e em Lisboa o que sofreu no plano espiritual?
Ela precisava dessa ação severa dos pais terrestres, porque ela também trazia o gosto pelo cultivo da vida social, como bem vimos nas suas existências passadas. Não teve oportunidade de participar da sociedade, apenas de trabalhar por ela mesma, trabalhando pelos mais necessitados como realmente fez.
Inclusive materialmente falando ela teve uma origem humilde. O pai era descendente de judeus portugueses e de índios brasileiros. Essa descendência na existência atual se contrapunha fortemente à ascendência aristocrática que ela teve em várias de suas existências anteriores.
Mas Yvonne precisava desse freio e o que foi mais importante ainda: ela entendeu perfeitamente a necessidade dele em sua nova existência, não deixando de produzir intensamente no bem. Caso caísse na revolta por essa situação toda que expusemos, teria perdido mais uma reencarnação e se complicado ainda mais perante a própria consciência.

96) E nesse campo da filantropia que tão bem dom Ramiro exerceu e tentou conduzi-la para seguir o seu exemplo, o que realizou Yvonne?

Muita coisa! Mas muita coisa mesmo.

Só para você ter uma ideia, ela reencarnou com projeto de vida de apenas 42 anos para essa sua última existência no século XX, mas correspondeu tanto às expectativas do plano espiritual que recebeu uma moratória de, praticamente, o dobro de tempo, já que ficou no corpo físico por mais de 83 anos, quase completando os 84 anos de idade!

Auxiliou sem cansar através das várias mediunidades que possuía a todos os sofredores que cruzaram o seu caminho.

Tinha mediunidade de psicofonia, premonição, receitista, intuitiva, materialização, psicografia, passista, de cura, vidência, oratória. Com todos esses instrumentos à sua disposição, trabalhou sem cansar. Tudo o que não fez em existências anteriores onde vivia na indolência, trabalhou nessa em favor do próximo.

Dedicou-se ao receituário homeopático por 54 anos seguidos, proporcionando a cura a inúmeros necessitados numa época em que a medicina era carente de resultados e de acesso difícil àqueles que não dispunham do dinheiro suficiente.

Aplicava injeções em doentes pobres, costurava para eles, dava aulas de costura e bordados a moças e meninas da favela próxima de onde morava. Tudo isso com os encarnados.

Yvonne trabalhou também com os desencarnados quando era solicitada em desdobramento para auxiliar no plano espiritual.

Quando lia em um jornal qualquer caso de uma pessoa que se suicidara, ela colocava o nome em seu livro de preces e orava por eles constantemente, lembrando-se evidentemente de tudo o que ela passara nas regiões inferiores após cometer suicídio por duas vezes.

Até essa preocupação e ocupação ela teve para fazer o bem aos seus semelhantes.

97) PODEMOS CONSIDERAR TAMBÉM COMO UM DOS SEUS GRANDES AUXÍLIOS O LIVRO CONSAGRADO PERANTE O PÚBLICO COMO *MEMÓRIAS DE UM SUICIDA*, NÃO É?

Sem nenhuma dúvida. Assim como André Luiz, por intermédio de Chico Xavier nos revelou muitos aspectos do mundo espiritual, Yvonne nos traz um tremendo alerta contra o suicídio nesse livro ditado por Camilo Castelo Branco.

O interessante é que esse livro ficou por 30 anos na gaveta e quase foi queimado quando Yvonne o levou até a FEB e o senhor Manoel Quintão negou-se a recebê-lo afirmando que ali só se publicava livros do Chico Xavier.

Yvonne voltou para casa decidida a queimar aqueles escritos que, segundo ela temia, poderiam ser obra de um espírito mistificador. Quando estava prestes a atear fogo no material, viu uma mão que a impedia de tomar tal atitude ao mesmo tempo em que ouviu uma voz que recomendava-lhe a não destruir o livro, mas sim guardá-lo para o futuro.

Tudo ficou entendido, inclusive a negativa do senhor Manoel Quintão, quando o espírito Léon Denis a ela se apresentou anos mais tarde, para realizar a revisão do livro que era pobre em conteúdo doutrinário. Aí se entendeu que tudo tinha uma razão de ser. Que a espiritualidade havia programado e planejado tudo.

Yvonne dizia que Charles e doutor Bezerra recomendavam que ela confiasse seus livros à Federação Espírita Brasileira, mesmo que algum dia fosse algum deles rejeitado.

98) Estou com uma curiosidade nisso tudo: e o Roberto de Canallejas, onde ficou nessa atual reencarnação de Yvonne?

Até o ano de 1931 ficou no plano espiritual. Inclusive na adolescência dela, Roberto a visitava à noite enquanto o corpo de Yvonne dormia e ele a retirava dali para percorrerem os locais onde no passado haviam se amado intensamente. Depois a reconduzia novamente ao corpo físico.

Numa dessas voltas, entretanto, Yvonne não conseguia assumir o veículo físico novamente. Roberto entrou em desespero e pediu ajuda ao plano espiritual. Doutor Bezerra de Menezes compareceu para socorrer e o advertiu que ele não deveria ter esse comportamento novamente, pois estava colocando a vida física dela em risco.

Eu disse que ele ficou no plano espiritual até 1931, porque depois reencarnou em Varsóvia, capital da Polônia. Bem longe do Brasil onde seu grande amor estava, portanto.

99) ENTÃO, NESSA ÚLTIMA REENCARNAÇÃO DELA, ELES NÃO SE ENCONTRARAM? E ME DIGA MAIS: YVONNE NUNCA PENSOU EM SE CASAR?

Ela teve alguns namoros que não foram adiante e apenas lhe causaram alguns dissabores.

Convenhamos que o objetivo dela nessa existência era de um caminho de reparação, de reconstrução de um passado pleno de fracassos perante seus amores. Então, ficou melhor assim como solteira e trabalhando incansavelmente pelos necessitados, como realmente o fez porque um casamento mal realizado colocaria a perder a nova oportunidade que a reencarnação lhe oferecia.

Quanto a se reencontrar com Roberto de Canallejas, isso quase aconteceu.

Ele reencarnou, como já dissemos, em Varsóvia. Yvonne, por sua vez, correspondia-se com pessoas de várias partes do mundo através do esperanto. E não é que por um desses caprichos da vida ela recebe em um determinado dia, uma carta de um senhor, engenheiro mecânico, que ela apenas identificou como Z.P. Quis guardar maiores detalhes para ela mesma, num direito indiscutível.

Através dessas cartas, muitas cartas, foi restabelecido o magnetismo entre esses dois espíritos de tantas existências.

Em desdobramento, Yvonne visitava-o em Varsóvia, chegando a ponto de caminhar de mãos dadas com ele pelas ruas daquela cidade.

Teve oportunidade também de assistir ocasiões em que ele almoçava ou tomava café em algum estabelecimento comercial daquele país. O mesmo fazia Z.P. no sentido de até descrever em cartas alguns lugares do Rio de Janeiro que nunca visitara.

Na carta Yvonne o tratava por *meu amado*.

Como era engenheiro mecânico, teve oportunidade, em 1976, de visitar o Rio de Janeiro a serviço de uma firma em que trabalhava e participou isso a ela.

Creio que o plano espiritual deu um tremendo apoio a Yvonne para que ela resistisse à tentação desse reencontro após tantos desatinos de outras existências.

Ela argumentou com Z.P. que não estaria no Rio naquela data porque tinha um compromisso inadiável em outro Estado brasileiro.

Que maior compromisso do que reencontrar um grande amor, não é mesmo?

Pois é. Mas ela resistiu, embora de coração aos pedaços. Fico pensando nos sofrimentos e esforços sobre-humanos que ela desenvolveu para não recebê-lo e atirar-se em seus braços apaixonadamente.

Creio que expiou, nesse pouco tempo em que Z.P. ficou no Rio e decidiu com prudência por não vê-lo, tudo o que fez quando esteve ao seu lado e o abandonou em existências passadas!

Chegou mesmo a ligar para o quarto do hotel onde ele se hospedava como sendo uma tia a quem Yvonne encarregara de transmitir os pedidos de desculpas por não tê-lo podido receber em sua visita ao Rio.

Pediu também a um amigo de Niterói que recebesse o seu correspondente Z.P.

Por isso o reencontro entre ambos não aconteceu, prudentemente.

Pelo ano de 1978, Yvonne notou que as cartas do seu amado escassearam. Só algum fato muito grave poderia provocar tal acontecimento.

Orando muito a seus amigos espirituais, ela foi conduzida em desdobramento pelo seu pai Charles para o plano espiritual e encontrou seu grande amor desencarnado.

Como descrever os sentimentos envolvidos nesse encontro com as nossas palavras tão distantes desses dois espíritos que tanto se amaram e se amam?

Fico a imaginar a imensa alegria que usufruem no plano espiritual após o resgate de ambos perante a própria consciência!

Creio que já provam dessa felicidade que não nos é dada experimentar enquanto no mundo.

Por quais estrelas desfilam o seu amor? Quantos mergulhos já devem ter realizado em seu passado e agradecido a Deus por todas as oportunidades de resgatarem os grilhões que os prendiam aos sofrimentos da Terra?

Sabemos que não existem almas gêmeas no sentido de que dois seres são criados incompletos para serem completados um pelo outro. Deus não faz nada pela metade.

Mas, ah! Que divina sabedoria existe nas leis que nos permitem amar incondicionalmente na vida!

Como em uma orquestra sinfônica, nenhum instrumento por si só executa uma peça de rara beleza, mas a harmonia final do conjunto depende de cada um deles.

Yvonne e Roberto de Canallejas fazem parte dessa sinfonia da imortalidade, cada um com a sua musicalidade na execução da peça do amor.

Mas, retornando do nosso devaneio, mais tarde ela recebe a notícia por meio do mesmo amigo que recepcionou Z.P. quando este esteve no Rio, que ele havia desencarnado de infarto do miocárdio.

100) MEU DEUS! QUANTA EMOÇÃO! E SOBRE OS LIVROS DELA, O QUE PODEMOS SABER?

Não sei se estou certo ou não, mas cada livro que Yvonne nos deixou é semelhante a um maquinário de um relógio, ou seja, não dá para escolher um e dizer que é o mais importante. Todos são relíquias para o estudioso da espiritualidade. São obras assentadas em fatos e não obras escritas ao sabor do devaneio de um escritor de farta imaginação.

Mas podemos mencionar vários deles obtidos através da sua mediunidade: *Memórias de um suicida*, *Nas voragens do pecado*, *O cavaleiro de Numiers*, *O drama da Bretanha*, *Amor e ódio*, *Dramas da obsessão*, *Sublimação*, *Nas telas do infinito*, *Ressurreição e vida*, *A tragédia de Santa Maria*, *Devassando o invisível*, *Recordações da mediunidade*, entre outros.

Yvonne também escreveu vários artigos publicados pela revista *Reformador* da FEB sob o pseudônimo de

Frederico Francisco em homenagem à grande paixão que tinha pelo gênio da música, Frederic Chopin.

101) Mesmo considerando a importância de todos os livros deixados por sua excelente mediunidade, parece que o mais impactante até os dias atuais é *Memórias de um suicida*, no qual um escritor português relata seus sofrimentos imensos no Vale dos Suicidas. Podemos saber alguma coisa sobre o autor espiritual dessa obra de tão grande destaque?

Podemos e devemos. Camilo Ferreira Botelho Castelo Branco não foi apenas um escritor português. Sua capacidade literária foi grande: romancista, cronista, crítico dramaturgo, poeta e tradutor. Como dá para ver, um homem de grande inteligência. Sofreu desde pequeno quando perdeu a mãe com apenas um ano de idade e, depois, o pai com dez anos e precisou ir morar com parentes.

Teve uma vida amorosa bastante instável. Casou-se com apenas 16 anos. Um casamento que durou apenas dois anos. Camilo abandonou a esposa e uma filha e se envolveu em outra aventura amorosa também de curta duração.

Chegou a entrar para uma escola médica, tendo dela desistido pela vida boêmia que levava.

Também um seminário conheceu a sua presença em um momento de depressão pelo qual ele passava, mas da mesma maneira tal tentativa não foi adiante.

Envolveu-se novamente em outro romance, dessa vez com uma mulher que era casada, o que trouxe para ele grande confusão.

Em virtude da sífilis, começou a perder a visão. Ao receber o diagnóstico de que ficaria cego, suicida-se com um tiro na cabeça.

É esse espírito endividado perante a própria consciência que relata seus sofrimentos a Yvonne no livro mencionado anteriormente.

102) COMO DESENCARNOU YVONNE?

Ela desencarnou quase completando oitenta e quatro anos de vida física em 1984. Tinha problemas cardíacos, o que mobilizou os familiares a levá-la a um hospital para o devido atendimento médico, ocasião em que avisou que de nada adiantaria porque era chegado o seu momento de partir.

No hospital os médicos se mobilizaram para colocar nela um aparelho denominado marca-passo que controla os batimentos descompassados do coração. Da mesma forma como fez com os familiares, avisou os médicos que providenciavam o atendimento de que nada adiantaria, pois que havia chegado a sua hora de ir embora para o outro lado da vida.

E realmente assim aconteceu. Yvonne desencarnou nesse hospital, partindo em direção às dimensões espirituais da vida a recolher os louros de sua vitória nessa existência redentora.

103) Deve ter sido muito comovente o encontro, após sua desencarnação, com os espíritos que a apoiaram tanto durante a sua existência no século XX, não é?

Sem nenhuma dúvida. O encontro entre aqueles que torcem por nós no mundo espiritual e nos veem chegar àquela dimensão, vencedores sobre nós mesmos, constitui uma alegria indescritível.

Quem sabe se um dia teremos uma narrativa do regresso de Yvonne ao encontrar-se com os amigos que a receberam, exultantes de alegria, como doutor Bezerra de Menezes, Charles e Roberto de Canallejas, para citar apenas alguns.

## Do suicídio e do suicida

SÓ PARA TERMOS UMA ideia da gravidade do que seja o suicídio para o espírito imortal, lembramo-nos de uma história narrada por Adelino da Silveira em seu livro *Chico, de Francisco*, que iremos relembrar com as nossas palavras. Os interessados em maiores detalhes poderão consultar essa excelente obra do citado autor.

Uma determinada ocasião, Chico foi procurado por uma mãe desesperada. O filho havia nascido cego, surdo, mudo e sem os dois braços. E para agravar tremendamente o quadro já lamentável de sofrimentos da criança, os médicos haviam indicado a amputação das duas pernas devido a uma enfermidade que surgira!

Já imaginou um filho assim em seu colo e sob a sua responsabilidade?

Pois bem, como é compreensível, aquele coração materno procurava uma explicação para aquela cruz sobre os seus ombros, além, evidentemente, do próprio sofrimento da criança.

Indagado se ele, Chico, poderia dar alguma explicação a ela que aliviasse o seu coração materno em grandes sofrimentos, o homem-amor respondeu-lhe dizendo que Emmanuel esclarecia que aquele filho era um espírito que havia praticado o suicídio por dez reencarnações seguidas!

Para evitar que falisse novamente, ele havia aceitado aquela situação tremendamente dolorosa de ter nascido sem poder enxergar, falar, ouvir e sem os próprios braços que pudessem proporcionar a repetição de um novo ato de se matar. Entretanto, mesmo nessas condições, ele arquitetava um novo suicídio atirando-se dentro de algum rio ou do alto de algum local, buscando a morte pela forma mais comprometedora que um ser pode escolher para partir da existência, embora continue vivo do outro lado, e com todas as consequências desastrosas da fuga dos problemas que esteja enfrentando, por pior que eles possam ser.

Então, a Providência Divina havia deliberado, para socorrer aquele espírito, o surgimento de uma enfermidade que requisitasse como tratamento a amputação dos membros inferiores para evitar a repetição de um novo suicídio.

Isso para termos uma pálida ideia da gravidade desse ato que atira o espírito em sofrimentos indescritíveis no outro lado da existência.

Nesta parte do livro, continuaremos com o sistema de perguntas e respostas por entendermos que ele é mais didático e menos cansativo para quem o lê.

Uma realidade que os estudos sobre o suicídio têm mostrado: ele, infelizmente, vem aumentando nos anos que se sucedem em diversos países e regiões.

Apontar números é meio difícil, porque eles são progressivos e, o que hoje é uma realidade para um determinado país, região, classe social, faixa etária, etc., amanhã sofre alterações, já que o fenômeno do suicídio é dinâmico.

Em determinados países, o suicídio chega a ocupar lugar de destaque como causa de morte, principalmente em jovens. Ressalte-se, porém, que ele também ocorre entre idosos e crianças.

No idoso o acontecimento ainda é mais triste se utilizarmos do entendimento espírita, já que a pessoa de mais idade está mais para o fim de sua jornada terrestre e ao cometer o suicídio, impõe-se sofrimentos que poderiam ser evitados aguardando o fim natural de uma existência que está a se esgotar de maneira natural.

Alguns autores afirmam que esse mal supera a morte causada por homicídio, mesmo quando somado às guerras no mundo!

Imaginem como fica a psicosfera do planeta com número tão alarmante de espíritos partindo por esse meio.

Há alguns anos, dados apontavam para mais de 800.000 mortes por ano por meio do suicídio, o que representaria uma morte por tal causa a cada 40 segundos, a maioria delas em países de média e baixa rendas.

Com certeza, dados atualizados apontarão para um número maior do que esse.

Entre os métodos utilizados para atingir a exterminação do corpo, predomina em primeiro lugar o enforcamento, seguido por armas de fogo e em terceiro lugar pela utilização de drogas químicas, pesticidas, por exemplo.

Lembro-me ainda de uma jovem de beleza suave que ingeriu esse tipo de tóxico e sofreu alguns dias no leito do hospital. Lembro-me também dos pais que acompanharam a lenta agonia da filha amada.

Os homens se suicidam mais do que as mulheres.

Entre os países, a Índia lidera em número de casos, seguida pela China ou, talvez, pelo Zimbábue e Cazaquistão. Como já dissemos anteriormente, esses dados estatísticos são dinâmicos e se alteram no decorrer do ano de acordo com as causas determinantes de cada país e local.

O que se pode afirmar sem citar os referidos números é que ele ocorre mais entre jovens na faixa etária de 15 a 29 anos, sendo a segunda causa de morte após os acidentes de trânsito.

O número de suicídio entre idosos acima de 60 anos também tem crescido.

Os fatores são múltiplos, mas podemos citar alguns deles: a solidariedade está cada vez menos frequente e a lei do salve-se quem puder pode ser um desses motivos; dificuldades profissionais obrigando filhos ficarem na dependência dos pais até mais velhos; a obrigação de ser feliz que se dissemina pelas redes sociais, em grupos de amigos; o crescimento da doença depressiva indutora, em muitos casos, ao suicídio; o fazer de conta que está tudo bem em família e que esse mal chamado de suicídio só acontece na casa alheia, o que impede de percebermos que alguém ao nosso lado está pensando em suicidar-se; o *bullyng* e o *ciberbullyng*; os problemas de identidade sexual; e muitas outras razões que adquirem particularidades em cada caso de suicídio. Somando-se a essas razões e a muitas outras que não cabe discutirmos aqui, o uso de álcool e drogas ilícitas tornam o panorama e a perspectiva ainda mais preocupantes.

Também vale lembrar que nem todos os casos de suicídios ganham as estatísticas oficiais. Como também não entram no cálculo os casos de tentativa de suicídio que não atingem o objetivo final, mas que superam em muito o número de suicídio efetivado.

Entretanto, com os esclarecimentos da doutrina espírita sobre a situação do espírito após o suicídio, seja por qual motivo for, temos condições de entender a gravidade desse fato que vitima tantas pessoas sem solucionar o problema de ninguém.

Quando numa sociedade alguém se mata, o luto é de todos.

A minha intenção foi apenas de fazer uma abordagem muito sucinta, já que existem livros e artigos variados com literatura mais específica sobre o assunto.

Os leitores podem ficar despreocupados porque não encontrarão nas perguntas abaixo apenas uma repetição do que os livros sobre o assunto apresentam. Procurei dar um enfoque diferente através das questões sem, absolutamente, fugir às orientações da doutrina espírita.

103) POR CONTA DO SUICÍDIO SER UM GRANDE MAL PARA TODA E QUALQUER PESSOA QUE DELE LANCE MÃO PARA RESOLVER ILUSORIAMENTE UM PROBLEMA, POR MAIS GRAVE ELE SEJA, VAMOS A ALGUMAS PERGUNTAS SOBRE

ESSE ATO QUE SEMPRE CONDUZ O SEU AUTOR A SOFRIMENTOS AINDA MAIORES DO QUE AQUELES QUE ESTAVA VIVENDO. PODEMOS TER UM EXEMPLO PRÁTICO DO QUE É O ATO DE UM SUICÍDIO?

Sim. Suponha que um lavrador viva do serviço que a enxada lhe proporciona e que, por um motivo qualquer, num momento de irreflexão quebra o seu instrumento de trabalho. Será que ele resolveu o problema de ter que ganhar o sustento com a ajuda do seu instrumento representado pela enxada ou a quebra dela representa um problema a mais na sua vida?

Se não dispõe mais da enxada e precisa continuar a trabalhar a terra para sobreviver, agora terá que usar as mãos ou morrer de fome.

A situação do suicida é parecida com essa. Ele destrói o seu instrumento de trabalho que é o seu corpo material, mas continua mergulhado na vida imortal! De que adiantou se evadir dessa forma e deixar de realizar tantos compromissos?

Quando tenta aniquilar a existência para resolver o problema que o atormenta, é surpreendido pela realidade de que a vida nunca se interrompe e nela continua a viver mais endividado ainda!

104) O SUICIDA PREJUDICA SÓ A ELE MESMO?

Quanto maior for o seu círculo de relacionamento e compromissos, mais o suicida prejudica a outrem além dele mesmo.

Vamos descrever com nossas palavras um acontecimento que se passou com Divaldo para termos a noção da extensão que a tragédia pode atingir no sentido de levar a dor e o desespero às pessoas que conviveram com aquele que se mata.

Divaldo leu em um jornal que um operário, pai de dez filhos, havia cometido suicídio atirando-se debaixo de um trem em movimento. A imprensa, como gosta de fazer com as tragédias que chamam a atenção dos leitores ou ouvintes, explorou bastante o acontecimento naquela época.

O médium de Joanna de Ângelis ficou muito impressionado com aquela atitude desesperada daquele pai. Passou a orar por ele por entender que o suicida tinha cometido aquele ato num momento de grande desespero.

Quais problemas estaria vivenciando para chegar naquele ponto de atentar contra a própria existência deixando a família numerosa em total desamparo, além, é claro, das consequências terríveis que aquele pobre espírito iria enfrentar?

Colocou o nome da pessoa em seu caderno de preces onde anotava todos aqueles pelos quais orava de madrugada, contemplando o velário do infinito.

O interessante é que Divaldo conta que acompanhava o trajeto de uma estrela enquanto orava pelos necessitados. Parecia até que os dois, ele e a estrela, tinham um encontro marcado todas as noites.

Um dia, porém, por problemas particulares, estava muito triste! Tão triste que naquela noite não conseguira orar pelas pessoas cujos nomes estavam no seu caderninho. O que ele queria mesmo era conseguir chorar! Mas nem isso conseguia.

E nesse estado de grande sofrimento ele viu entrar um espírito no local onde estava com a alma profundamente dolorida.

Nesse momento as primeiras lágrimas estavam deslizando pela face do médium baiano. Aquele fato era uma espécie de acontecimento inesperado: chorar, já que, como dissemos e enfatizamos, para Divaldo isso era muito difícil.

O espírito, então, perguntou a ele qual o motivo daquelas lágrimas e pediu para que ele não chorasse porque, senão, ele choraria também.

O médium respondeu ao espírito que não pedisse isso a ele, porque para ele era muito difícil chorar. Que o espírito não lhe pedisse para não chorar. Divaldo tinha que aproveitar esse momento tão raro em sua vida, o fato de conseguir derramar lágrimas.

O espírito insistiu que se ele, Divaldo, chorasse, ele, o espírito, choraria também.

Divaldo sensibilizou-se com os sentimentos do desencarnado e perguntou a razão por que ele, o espírito, choraria também ao ver o pranto do médium.

Foi então que o desencarnado revelou que era o suicida que se atirara debaixo do trem. Ele tinha uma enorme gratidão por Divaldo pelas preces recebidas em seus momentos de loucura quando revia o seu ato desequilibrado de atirar-se debaixo do trem e ter o corpo estraçalhado pelo enorme veículo. Essas cenas se repetiam incansáveis em sua mente, o que lhe impunha sofrimentos indescritíveis que eram suavizados pelas preces de Divaldo.

Contou que o socorro em meio a dores horrorosas se fazia por meio de uma voz que chamava pelo nome dele, do suicida.

Aos poucos o suicida foi deixando de ouvir o apito do trem como ouvira no dia fatídico em que tirara a própria vida física.

E continuou contando que se lembrou de Deus e da mãe que já havia morrido ao mesmo tempo em que pensava que não tinha o direito de ter feito o que fez.

Quando a consciência começou a cobrá-lo, ele ouvia uma voz que intercedia por ele e dizia: "Ele não fez por mal. Ele não quis se matar". Essa voz era como um advogado de defesa em meio a tantos sofrimentos.

"Fiquei a me perguntar – continuou – quem estaria pensando em mim com tanto amor? Foi quando minha mãe me apareceu e esclareceu que quem pedia era uma alma boa que orava pelos desgraçados.

"Chorei muito e passei a ser atraído para esse local sempre que você, Divaldo, chamava pelo meu nome.

"Depois de catorze anos a vagar totalmente perdido, mergulhado na vida que não se extinguira, lembrei-me da minha família, dos meus filhos e esposa que tinha abandonado por meio do suicídio.

"Com auxílio cheguei até a minha antiga casa. Minha esposa maldizia meu nome por tê-la abandonado na situação difícil em que se encontrava com os dez filhos que tivemos.

"Minha filha vendia o corpo para subsistência e fui atraído para o local onde ela era objeto desse comércio.

"Meu filho encontrava-se envolvido com o crime pela minha ausência e fui visitá-lo na cadeia.

"Só então comecei a contabilizar todos os prejuízos que causara àqueles a quem amava e tinha abandonado!

"Além de não conseguir morrer, havia, de uma certa forma, matado as esperanças de uma vida digna à minha família!"

Tendo aberto a sua alma, o suicida abraçou-se a Divaldo e chorou dolorosamente tendo sido consolado mais uma vez.

Vemos com esse acontecimento real da vida de Divaldo Franco que o suicida não impõe sofrimentos inimagináveis apenas a si mesmo, mas a todos aqueles que o cercam e recebem o impacto negativo do seu ato profundamente lamentável.

105) PARA O CRIME DO SUICÍDIO, AS PENAS SÃO VARIÁVEIS, OU SEJA, AS LEIS DA VIDA CONSIDERAM ATENUANTES PARA TAL CRIME?

Vejamos. As leis dos homens, falíveis como são, não levam em consideração as atenuantes de um crime? Por que as leis perfeitas de Deus não procederiam da mesma forma?

Na *Revista Espírita* de 1860, mês de agosto, Allan Kardec descreve um suicida que se matou para livrar o filho de ir para a guerra ao ser convocado. O pai, eliminando a própria vida, transformou o filho em arrimo da família, o que levou a sua dispensa para combater nos campos de batalha. Foi um suicídio que teve a intenção de livrar o filho da provável morte na guerra.

Allan Kardec assim se manifesta sobre esse caso em particular:

> Por sua ação, este homem talvez tenha impedido a realização do destino de seu filho. Primeiramente, não é certo que fosse morto na guerra e, talvez, essa carreira lhe fornecesse oportunidade de fazer algo que teria sido útil ao seu progresso. Sem dúvida essa consideração não será estranha à severidade do castigo que lhe é infligido. Sua intenção certamente era boa e isto lhe foi levado em conta. A intenção atenua o mal e merece indulgência, mas não impede que o mal seja sempre mal.

Em *O Livro dos Espíritos*, questão 957, os espíritos respondem sobre as consequências do suicídio o seguinte:

> As consequências do suicídio são muito diversas: não há penas fixadas e, em todos os casos, são sempre relativas às causas que provocaram. Mas uma consequência à qual o suicida não pode fugir é o desapontamento. De resto a sorte não é a mesma para todos: depende das circunstâncias. Alguns expiam a sua falta imediatamente, outros em uma nova existência, que será pior do que aquela cujo curso interromperam.

106) POR FALAR EM PENA APLICADA AO SUICIDA, DURANTE MUITO TEMPO O CORPO DE QUEM SE SUICIDOU NÃO PODIA SER ENTERRADO EM UM CEMITÉRIO COMUM E NEM

RECEBER AS BÊNÇÃOS SACERDOTAIS. O QUE PENSAR SOBRE ESSAS DUAS ATITUDES?

Dois atestados da ignorância e do orgulho daqueles que ficam encarnados.

A primeira é achar que o pobre corpo tenha alguma responsabilidade sobre a decisão do espírito que deu cabo à própria vida material. Sendo esse veículo carnal apenas um instrumento de trabalho, culpa alguma, contaminação nenhuma terá ele para que não receba a sepultura em um cemitério normal. Até porque não existe um local onde só tenham sido enterradas pessoas de elevada moral, pessoas que tiveram uma vida santificada na Terra, pois isso é impossível em um planeta de provas e expiações.

Quantos criminosos dos mais variados tipos recebem sepultura normal. Acaso esses também não teriam errado perante as leis de Deus?

"Ah! Mas o suicídio é o maior dos pecados que um ser humano pode cometer!" – argumentam muitos. Essa seria a razão do sepultamento em local diferente dos demais falecidos.

Retornamos ao mesmo argumento: que culpa existe no cadáver que foi um mero instrumento do espírito que faliu?

Vou mais adiante: Jesus deixou muito claro que veio para os doentes (principalmente da alma) e não para os sãos. Se o próprio Cristo não se afastou de ninguém, que autoridade temos nós de banir o suicida de um cemitério comum?

Acaso Deus não proporciona a esse infeliz a oportunidade de se regenerar? Com que direito nós repudiamos o simples cadáver que nenhuma culpa tem?

Quanto a não receber as cerimônias religiosas normais, é preciso ter em mente que cada um receberá segundo as suas obras e não de acordo com as despedidas religiosas que recebe de acordo com os padrões do mundo.

De nada adianta para as nossas culpas, os nossos erros, o que a convenção do mundo nos proporciona. Nenhuma delas nos isenta de respondermos pelos nossos erros. Mesmo que todas as religiões do mundo se unissem para celebrar as exéquias de um suicida, nem assim ele deixaria de responder por esse crime cometido contra ele mesmo.

Por isso dissemos no início da resposta que essa atitude de não permitir o sepultamento do suicida em um cemitério normal, não passa de mais um ato do orgulho e da ignorância do ser humano.

107) SE O SUICIDA CONTAMINA ALGUM LUGAR, ESSE LOCAL SERIA A PSICOSFERA, OU SEJA, AS VIBRAÇÕES QUE ATINGEM O PLANETA E SEUS HABITANTES, NÃO É ASSIM?

Evidente. Cada suicídio representa um luto para toda a humanidade. O espírito desencarnado dessa maneira vai contaminar a psicosfera do planeta, ou seja, vai engrossar o número de sofredores do plano espiritual a se refletir sobre os encarnados.

Ora, como ficou bem nítido na resposta de *O Livro dos Espíritos* que os desencarnados convivem conosco e nos influenciam a ponto de ser eles quem nos dirigem, na medida que aumenta o número de sofredores em torno da Terra, mais influência negativa nós teremos.

No sepultamento do corpo ocorre a desintegração do mesmo. Na desencarnação de um suicida acontece o aumento do número de sofredores no plano invisível que conosco convive diária e intensamente.

Por isso, ao invés de nos preocuparmos com o corpo a ser sepultado, deveríamos nos preocupar em orar diariamente pelos sofredores que continuam vivos e influenciando-nos por meio dos seus sofrimentos.

108) MESMO COM AS ATENUANTES, QUAIS SERIAM AS CONSEQUÊNCIAS PARA UM SUICIDA AO CONTINUAR MERGULHADO NA VIDA PARA A SUA MAIS PROFUNDA DECEPÇÃO?

A primeira e pior consequência é exatamente essa: a de continuar vivo, o que lhe causa um espanto indescritível e a mais amarga das decepções.

Mas vejamos nas palavras de Kardec contida na questão 957 de *O Livro dos Espíritos* sobre o suicida:

> A observação mostra, com efeito, que as consequências do suicídio não são sempre as mesmas. Mas há as que são comuns a todos os casos de morte violenta, e a consequência da interrupção brusca da vida. Há primeiro a persistência mais prolongada e mais tenaz do laço que une o Espírito ao corpo, por estar esse laço quase sempre na plenitude de sua força, no momento em que é quebrado, enquanto que na morte

natural ele se enfraquece gradualmente e, no mais das vezes, se rompe antes que a vida esteja completamente extinta. As consequências desse estado de coisa são a prolongação da perturbação espírita, depois a ilusão que, durante um tempo mais ou menos longo, faz o espírito crer que está ainda entre o número de vivos.

A afinidade que persiste entre o espírito e o corpo produz em alguns suicidas uma espécie de repercussão do estado do corpo sobre o espírito, que sente assim, malgrado ele, os efeitos da decomposição e experimenta uma sensação plena de angústias e de horror, e esse estado pode persistir tanto tempo quanto deveria durar a vida que interrompeu. Esse efeito não é geral, mas, em nenhum caso, o suicida está isento das consequências de sua falta de coragem e, cedo ou tarde, expia sua falta de uma ou de outra maneira.

Lembremos que na época de Kardec ainda não havia condições suficientes na humanidade para que ele abordasse a região do assim chamado *vale dos suicidas*, que veio a público com o livro *Memórias de um suicida*.

109) E NOS SUICÍDIOS POR AMOR, COMO FICA A SITUAÇÃO DOS APAIXONADOS?

O suicídio não combina com o amor porque existe no primeiro uma conotação de egoísmo. Aquele que se suicida está pensando em solucionar os seus problemas, não se importando o que a sua atitude vai acarretar para as pessoas que o cercam.

Já o amor verdadeiro faz com que um ser pense no outro e não em si mesmo. Como o suicídio leva sofrimento aos que o rodeiam, se matar não é prova de amor, mas de desejo de se vingar de alguma coisa ou de alguém.

Na *Revista Espírita* do ano de 1862, mês de julho, comentando um caso de duplo suicídio por amor, assim se manifesta Kardec em relação aos dois espíritos que se suicidaram em nome do amor que juraram sentir um pelo outro:

> Como se vê, a pena dos dois culpados consistirá em se buscarem por muito tempo sem se encontrarem, seja no mundo dos espíritos, seja em outras encarnações terrestres; está momentaneamente agravada pela ideia de que o seu estado atual deve durar para sempre. Fazendo parte do castigo um tal pensamento, não lhes foi permitido ouvir as palavras de esperança que lhes dirigimos. Aos que achassem essa pena muito terrível e muito longa, sobretudo se não deve cessar senão depois de várias encarnações, diríamos que sua depuração não é absoluta, e que dependerá da maneira pela qual suportarão as provas futuras, no que poderemos ajudá-los por meio de preces.

Portanto, aquele que ama verdadeiramente e cujo desejo deve ser de se manter ao lado do ser amado, não se mata em nome desse amor porque estará estabelecendo uma barreira que os separará por tempo indeterminado.

110) Raciocínio semelhante podemos fazer em relação aos pais, por exemplo, que alimentam a ideia do suicídio para se encontrarem com o filho que desencarnou antes por algum motivo?

Essa opção é uma segurança que do espírito desse filho irão se separar por um tempo bastante longo. O filho que partiu por morte natural vai, seguramente, para uma região melhor do que qualquer um dos pais que procure acompanhá-lo por meio do suicídio.

111) A eutanásia é uma espécie de suicídio?

Depende. Se ela for solicitada pelo doente a resposta é afirmativa. Nesse caso o espírito chega à dimensão espiritual da vida mais doente ainda por ter cometido suicídio pelas mãos de alguém.

Se a eutanásia não for solicitada, o espírito chega ao plano espiritual com o amparo de que se faz merecedor de acordo com a vida que levou na Terra.

112) Muitas vezes, reportagens de televisão mostram pessoas se expondo a riscos para salvar a vida de outras como nas enchentes, por exemplo. Nesses casos, se ocorrer a morte de quem tenta salvar a outrem, isso caracterizaria um suicídio?

Sendo a Justiça Divina perfeita, jamais enquadraria uma atitude fraterna dessas em suicídio. Muito pelo contrário, é um ato de desprendimento muito grande, de amor ao semelhante e aquele que vier desencarnar nessa tentativa nunca será punido como tendo atentado contra a própria vida.

113) E NOS CASOS, POR EXEMPLO, DE CORRIDA DE CARROS COMO NA FÓRMULA UM? O PILOTO QUE DESENCARNAR VÍTIMA DE UM ACIDENTE PODE SER CONSIDERADO UM SUICIDA?

A imprensa sempre divulga as reivindicações dos pilotos que participam dessas competições exigindo mais segurança tanto nos carros como nas pistas onde as corridas são disputadas.

Eles também buscam a vitória, a glória de ser um campeão com todas as vantagens financeiras e do orgulho realizado quando vencem. Não procuram a morte ao participar dos campeonatos. Por isso, não são enquadrados como suicidas porque a intenção é a de vencer, jamais de perecer numa das pistas de corrida. Como somos julgados por Deus pelas nossas intenções, os pilotos não se enquadram como suicidas.

114) E QUANDO SE TRATA DE MOTORISTAS EM VIAGEM PELAS RODOVIAS DE UM PAÍS E QUE SE EXPÕEM A SI MESMOS E AOS OUTROS DIRIGINDO DE FORMA PERIGOSA, O RACIOCÍNIO ANTERIOR É VÁLIDO?

Nas rodovias do país, em viagem de férias ou compromissos, a situação se modifica totalmente. Ninguém aí está numa disputa para ver quem chega primeiro e receber a sua premiação. Podemos dizer que o prêmio no caso de uma viagem é chegar em segurança ao local de destino. Não se trata de uma competição. O vencedor, o campeão, é aquele que faz tudo corretamente para a sua segurança e pela segurança das outras pessoas.

O motorista que não obedece às sinalizações, que viaja em velocidade superior à permitida pelas placas de sinalização, que ultrapassa em locais proibidos, que dirige embriagado ou mesmo tendo consumido drogas ilícitas, está dando a chance de desencarnar vítima de um acidente e matar outras pessoas que não têm culpa da sua irresponsabilidade. Mesmo não buscando de uma forma direta a morte, está proporcionando a oportunidade para que ela venha a ocorrer e não existe quem desconheça essa realidade.

Poderá ser enquadrado como um suicida indireto e, até mesmo, como um homicida por atentar contra a segurança de outras pessoas.

Não é bom arriscar nas estradas e muito menos com as leis de Deus que são absolutamente justas e nos conhecem no íntimo de nossas intenções!

115) O SUICIDA É UM COVARDE OU UM CORAJOSO?

Diríamos que o suicida é um ignorante quanto à realidade da vida que nunca se extingue. Na opinião de uns, se apresenta como um covarde que não soube suportar as provações que a vida terrena se lhe apresentou como consequências das leis de semeadura e colheita.

Para outros, o suicida seria corajoso por ter a coragem de eliminar a própria existência tão preciosa como é.

Mas se todo suicida acreditasse com absoluta convicção que a morte não é o fim, ele pensaria sempre muito mais antes de achar que estaria encontrando a solução para os seus problemas, já que tendo a certeza de continuar a viver fora do corpo e respondendo por seus atos, ficaria muito mais fácil compreender a inutilidade do suicídio.

Por isso, acredito que o suicida seja mais um ser em lamentável ignorância do que seja estar *condenado* à imortalidade!

116) PODEMOS DIZER QUE SEJA QUAL FOR A RAZÃO, O SUICIDA É UM SER DESCONTENTE COM ALGO EM SUA VIDA E POR ISSO BUSCA ELIMINÁ-LA?

Sim. Só se esquece, porém, de que elimina a vida física que nada tem a ver com os problemas do espírito imortal. Não é o corpo que é feliz ou sofredor. É quem habita esse corpo transitoriamente, ou seja, o espírito. As razões para os seus sofrimentos não residem no veículo carnal, que é apenas um mero instrumento passageiro do ser imortal chamado espírito. Ao matar o corpo material, elimina o local onde essas razões se manifestam, mas elas continuam a afligi-lo na origem que é o espírito que nunca morre.

Quando se tratar de uma enfermidade que se manifesta no corpo, mesmo assim o suicídio é ineficaz, porque o espírito transporta para a imortalidade a injúria que fica registrada em seu perispírito gerando sofrimentos no plano espiritual.

Além do fato de poder ficar retido ao lado do cadáver presenciando a decomposição do mesmo e sentindo os efeitos dessa desintegração do corpo que eliminou.

Comentando essa continuidade da vida, Kardec na *Revista Espírita* de 1862, mês de julho, assim se pronuncia:

> Seja como for, se as pessoas que cedem a tal pensamento creem na vida futura, torna-se evidente que dela fazem um juízo completamente falso e a maneira pela qual a apresentam em geral não é muito apropriada para fazerem uma ideia mais justa.
>
> O espiritismo não só vem confirmar a teoria da vida futura, mas a prova pelos fatos mais patentes possíveis: o testemunho daqueles que nela se encontram. E faz mais, ao no-la mostrar sob cores tão racionais, tão lógicas, que o raciocínio vem em apoio da fé. Não sendo permitida a dúvida, muda o aspecto da vida; sua importância diminui em razão da certeza que se adquire de um futuro mais próspero. Para o crente, a vida se prolonga indefinidamente para além do túmulo; daí a paciência e a resignação que naturalmente afastam a ideia do suicídio; daí, numa palavra, a coragem moral.

117) FICAR PENSANDO NO SUICIDA QUANDO TEMOS NOTÍCIA SOBRE ALGUÉM QUE PRATICOU ESSE ATO, E FICAR PROCURANDO JULGAR COMO SERÁ A SITUAÇÃO DESSE ESPÍRITO NO OUTRO LADO DA VIDA, NÃO É UMA FALTA DE CARIDADE?

Tremenda falta de caridade! Já basta ao suicida a constatação de que a morte que ele procurou quando eliminou o corpo não existe. Essa realidade já acarreta um sofrimento indescritível.

Para que e com que direito ficaremos nós a mentalizar e lançar sobre o infeliz o nosso julgamento?

Bastam as dores inevitáveis que estará enfrentando. Lembremos do alerta de Jesus de que com a mesma medida que julgarmos seremos julgados. Será que gostaremos após a nossa desencarnação que os encarnados fiquem julgando aquilo que fizemos ou deixamos de fazer enquanto estivemos no corpo? Será que nos sentiremos bem recebendo as críticas? Em que os pensamentos daqueles que aqui ficaram nos ajudarão se forem para lembrar os nossos desatinos?

Não devemos diante da notícia de um suicídio formar imagens em nossa mente sobre a situação desse espírito, porque os pensamentos movimentam formas de energias positivas ou negativas que atingirão o suicida diminuindo ou aumentando seus sofrimentos.

Lembremo-nos de que Yvonne tinha um caderno no qual anotava os nomes dos suicidas para pedir por eles, jamais para julgar ou ficar imaginando que esteja ocorrendo essa ou aquela situação, porque somente Deus tem condições de analisar as atenuantes de cada caso.

Recolhamo-nos em oração em favor deles e assim estaremos praticando a verdadeira caridade.

118) AS ORAÇÕES DEVERÃO SER DIRECIONADAS SOMENTE PARA OS SUICIDAS OU PELOS PARENTES DELE TAMBÉM?

Adelino da Silveira, um grande trabalhador da seara espírita na cidade de Mirassol, teve uma grande convivência com Chico Xavier. Ele nos conta em um dos seus livros – *Momentos com Chico Xavier* – que em um determinado dia, alguém se apresentou ao Chico dizendo que ia fazer uma palestra bem contundente sobre o suicídio. Falaria sobre os sofrimentos deles enfatizando o acompanhar da decomposição do cadáver e das torturas no vale dos suicidas. Com isso – continuava a falar a pessoa – ela pretendia desestimular alguém que estivesse pensando em se matar.

Chico ouviu pacienciosamente e depois completou: "não se esqueça de falar algumas palavras de conforto para os parentes dos suicidas que poderão estar assistindo a sua palestra."

Grande sabedoria desse grande espírito que transitou entre nós em Pedro Leopoldo e Uberaba.

Que sentimentos estarão invadindo o coração da mãe ou de um pai de um filho que se matou, principalmente se as religiões ensinam que o suicida está condenado para sempre?

Lembro-me também de um caso que se passou com o Chico em que ele afirmou que a dor e o desespero de uma determinada senhora, cujo filho havia se suicidado com o revólver do próprio pai, foi uma das dores maiores que ele, Chico, presenciou em sua vida.

O moço era muito religioso e os pais materialistas. Eram pessoas famosas na sociedade em que viviam.

Todas as vezes que o filho tentava falar com os pais sobre Jesus, ele recebia a resposta de que aquilo tudo não passava de crendices das religiões.

O jovem, então, ficou sem ambiente para seus diálogos sobre o lado espiritual da existência.

Um determinado dia, na hora de uma das refeições, o moço levantou-se da mesa, dirigiu-se ao quarto dos pais onde pegou a arma de fogo e se matou.

O desespero dessa mãe por nunca ter dado atenção às tentativas de diálogo do filho com eles sobre Jesus, atingiu o máximo das dores que podem invadir uma alma aqui na Terra.

E foi nessa situação que aquela mãe destroçada em seus sentimentos procurou pela ajuda do Chico.

Evidentemente encontrou nele palavras de consolo, mas não uma comunicação do filho que pudesse aplacar o desespero daquela mãe voltada para os valores materiais da existência.

119) Qual o papel dos espíritos obsessores nos suicídios?

Todas as vezes que uma pessoa abre a perspectiva para o ato de se suicidar, chama automaticamente espíritos desejosos de que aquele ato trágico se consuma.

Quando há esse acoplamento de um obsessor, seja por ser inimigo do passado ou apenas desejoso de que esse mal aconteça, isso agrava muito o pós-suicídio, porque o obsessor vai apoderar-se do suicida assim que deixa o corpo físico e a vítima fica entregue à sanha desse perseguidor que o acompanhará às regiões de sofrimentos atrozes do plano espiritual onde será torturado por tempo indeterminado.

Aliás, foi o que ocorreu com a própria Yvonne após o seu suicídio em Lisboa quando se atirou no rio Tejo. Caiu nas mãos de espíritos torturadores e padeceu intensamente no vale dos suicidas sob a influência dessas entidades.

Allan Kardec em *O Livro dos Espíritos* nos esclarece que na maioria das vezes somos dirigidos pelos desencarnados, tal é a influência que eles exercem em nossas vidas por meio de nossa mente.

A escolha das sugestões que recebemos deles depende da nossa sintonia com os bons ou com os maus.

Quando nos permitimos um pequeno pensamento sobre a falsa solução do suicídio, imediatamente as entidades desejosas para que isso aconteça se liga a quem dá acolhida a essa ideia desequilibrada. Se deixarmos que os pensamentos se repitam, cada vez mais damos campo ao trabalho dos espíritos que desejam que o suicídio se consuma pelas razões já expostas.

120) A DIVULGAÇÃO PELA IMPRENSA DOS CASOS DE SUICÍDIO TEM UM COMPONENTE NEGATIVO SOBRE O PSIQUISMO DE PESSOAS INSTÁVEIS EMOCIONALMENTE?

Com certeza. A notoriedade com que um crime é divulgado é sempre negativa.

Não devemos alardear o mal, mas sim divulgar sempre o bem para que não se passe a impressão de que o mal está vencendo e ele seja a solução para os nossos problemas.

E é o mesmo André Luiz quem relata no livro *Obreiros da vida eterna* a atitude mental de uma senhora que devido a pequenas brigas com o marido, alimentava a ideia da morte para se livrar das pequenas contrariedades do mundo sem atinar com a gravidade do suicídio indireto: "Pela cólera, pela intemperança mental, criou a ideia fixa de libertar-se do corpo de qualquer maneira, embora sem utilizar o suicídio direto."

O interessante é que Kardec já naquela época alertava para tal fato ao afirmar na *Revista Espírita* do ano de 1862, mês de julho, o seguinte:

> A publicidade dada aos suicídios produz sobre as massas o efeito da guarita; excita, encoraja, acostuma-se com a ideia e, até mesmo, a provoca. Sob esse aspecto consideramos as descrições do gênero e que abundam nos jornais como uma das causas excitantes do suicídio: elas dão a coragem de morrer. Acontece o mesmo com os crimes, com a ajuda dos quais se excita a curiosidade pública, produzindo um verdadeiro contágio moral; jamais detiveram um criminoso, enquanto fizeram surgir mais de um.

Romances antigos de séculos passados quando uma mulher ou homem cometiam o suicídio por amor também era um meio de veicular essa ideia aos seus leitores induzindo a vários deles a tomar tal atitude como se fosse um ato heroico ou uma prova de amor incontestável.

No século XVII existiu um escritor alemão que ganhou fama. Chamava-se Wolfang Goethe. Ele deixou um romance famoso intitulado *Os sofrimentos do jovem Werther*. Nesse romance, um jovem se apaixona por uma moça que já está comprometida com um outro e por não conseguir realizar o seu sonho, se mata.

Esse romance escrito em 1774 levou várias pessoas a cometer o suicídio inspirando-se na tragédia do livro. Só que o personagem do livro não veio para a vida, ficou apenas na literatura, na ficção, enquanto na vida real, o espírito padece torturas indescritíveis que o romance não cogita.

Lembramos também que a divulgação pela imprensa, inclusive em nível internacional, do suicídio de um ator ou cantor de muito sucesso é altamente nocivo junto aos fãs, que podem se inspirar nesse ato infeliz e projetá-lo em si mesmos num momento de dificuldade maior.

Infelizmente, os acontecimentos construtivos da existência não recebem a divulgação que os aspectos destrutivos encontram nos órgãos de divulgação em nosso país e no mundo.

121) AQUELE QUE COMETEU SUICÍDIO NUMA EXISTÊNCIA ANTERIOR FICA MAIS EXPOSTO A REPETIR O ATO DESEQUILIBRADO EM FUTURAS EXISTÊNCIAS?

Vamos tomar o exemplo de uma pessoa que consumiu drogas ilícitas e realizou uma internação hospitalar para se livrar do vício. Submeteu-se ao tratamento e aos sofrimentos impostos pelo mesmo.

Estamos considerando, evidentemente, aquele que realmente deseja se livrar dessas drogas infelizes.

Assim que ele sair do hospital e os traficantes ficarem sabendo da sua alta médica, eles irão tentar envolvê-lo novamente nas garras das drogas para auferirem o lucro infeliz advindo do consumo das mesmas.

O ex-usuário vai resistir a esse novo assédio? Tudo dependerá dele e do apoio dos familiares evidentemente.

Podemos, de uma certa forma, transferir esse raciocínio para aquele que cometeu o suicídio em existências anteriores.

Sofrerá novas tentações para que elimine a sua existência? Com grande possibilidade. Se irá falir ou não, depende do aprendizado que colheu nos sofrimentos enquanto desencarnado nas regiões por onde os suicidas estagiam.

Tudo fica registrado na memória do espírito e a consciência envia os avisos nos momentos de dificuldades na nova reencarnação. Não faltará também o apoio dos espíritos bons. Tudo vai depender com qual lado o ex-suicida irá sintonizar.

Não será fácil porque a caminhada rumo à perfeição é árdua, cheia de obstáculos variados, mas Deus nos criou para chegarmos lá. E essa é a única fatalidade da vida!

122) E OS CIENTISTAS QUE INSISTEM EM NEGAR A EXISTÊNCIA DE DEUS, PODEM IGUALMENTE VIR A SER RESPONSABILIZADOS PELO SUICÍDIO DE ALGUÉM QUE ACREDITA NA OPINIÃO DELES?

Chico Xavier ensinava que a pior ofensa que podemos fazer a nossa própria consciência é negar a existência de Deus. E o Chico, que era tão manso, tão amoroso com as pessoas que o rodeavam, afirmava que se sentia mal quando ouvia alguém ao seu lado dizer que não acreditava em Deus. Aliás, fico imaginando como uma pessoa ao lado dele podia não acreditar no Criador!

Esses homens de ciência, lamentavelmente, nada mais fazem do que incentivar o materialismo, que é um grande responsável pelo número crescente de suicidas registrado nas estatísticas de diversos países.

Dessa forma, o cientista que defende e divulga por meio de livros ou qualquer outro meio de comunicação a ideia de que Deus não existe, será responsabilizado perante as leis da vida pelos suicídios que se assentam sobre a ideia do nada para além dessa existência material, quando então, deixar de existir com a morte do corpo passará a ser uma ideia tentadora naqueles que acreditarem nesses argumentos respaldados pelos nomes de homens de ciência que exercem influência sobre a opinião pública sem nenhuma dúvida. Esses cientistas nem imaginam a responsabilidade que está a pesar sobre os seus ombros em seu retorno ao mundo espiritual!

123) Até agora comentamos o suicídio direto, mas as leis de Deus interpretam também como ato de autoextermínio tudo que o espírito encarnado faz e tem reflexo negativo sobre o corpo físico de quem cabe zelar, não é assim?

Exatamente. As primeiras notícias sobre o suicídio indireto nós encontramos na obra *Nosso Lar* de autoria espiritual de André Luiz.

Acusado de ser um suicida, o médico que deixara a Terra por meio de uma enfermidade gravíssima não entendia aquela acusação lançada em seu rosto. Lembrava-se de todo sofrimento que tivera no hospital na luta pela sobrevivência, como então estar sendo chamado de suicida?!

No capítulo 2 da referida obra encontramos essas palavras de André:

> Por que a pecha de suicídio, quando fora compelido a abandonar a casa, a família e o doce convívio dos meus?

Toda e qualquer atitude que redunda no desgaste do corpo material minando as energias que esse corpo trouxe para determinado tempo na escola da Terra, é interpretado como um suicídio indireto.

Em outras obras do mesmo autor espiritual, encontramos referência a essa importante colocação e a esse grave alerta.

No livro *Ação e reação*, capítulo 19, tais são as palavras do instrutor:

> Aqueles que por vezes diversas perderam vastas oportunidades de trabalho na Terra, pela ingestão sistemática de elementos corrosivos, como sejam o álcool e outros venenos das forças orgânicas, tanto quanto os inveterados cultores da gula, quase sempre atravessam as águas da morte como suicidas indiretos e, despertando para a obra de reajuste que lhes é indispensável, imploram o regresso à carne em corpo desde a infância inclinados à estenose do piloro, à ulceração gástrica, ao desequilíbrio do pâncreas, à colite e às múltiplas enfermidades do in-

testino que lhes impõem torturas sistemáticas, embora suportáveis, no decurso da existência terrena.

No livro *Obreiros da vida eterna*, no capítulo V, novamente se repete a seguinte advertência:

> Tenho hoje profundíssima compaixão de todos os homens e mulheres encarnados, que desejam insistentemente a morte física e procuram-na, através de vários modos, utilizando recursos indiretos e imperceptíveis aos demais, quando lhes faltam disposições para o ato espetacular do suicídio.

Se computarmos o rigor com que a Lei Divina a tudo contabiliza, dificilmente encontraremos alguém que desencarnou sem que antes não tivesse comprometido o veículo carnal com os momentos de explosão pela cólera, liberando substâncias nocivas na corrente sanguínea, lesando o próprio corpo; aqueles que comeram ou beberam além do necessário sobrecarregando o veículo carnal; os que utilizaram do cigarro, do álcool ou de drogas chamadas de ilícitas.

Parece até brincadeira, mas muita gente desencarna como o peru, na véspera, devido a todo esse estrago que causa ao corpo material com os mais diversos tipos de vícios ou de modo de vida errôneo.

Chico dizia que o suicídio ocorre não somente quando ele culmina com o ato final lamentável em que a pessoa aniquila seu corpo por algum meio, mas muitos suicidiozinhos ocorriam diariamente por meio das explosões de cólera, por exemplo.

Já imaginaram?!

É de espantar como conseguimos destruir com comportamento inadequado tantos recursos colocados à nossa disposição em nosso corpo material!

Quantos anos um corpo aguenta a agressão pelo cigarro, pelo álcool, pelo excesso de alimentação absolutamente desnecessária à vida física, à falta do repouso necessário ao corpo material?!

Torna-se impossível de contabilizar a quantidade de energia vital que estragamos ou jogamos fora e que nos possibilitaria continuar por mais tempo encarnados.

Infelizmente, quando o corpo envia o sinal de que já não está aguentando mais tanta agressão que poderia ter sido evitada, ele já perdeu uma cota de tempo abençoada para ficar no mundo e nos permitir o trabalho para nossa redenção.

O suicídio indireto é desconhecido pela maioria das pessoas, mas as leis que dão a cada um segundo as suas obras estão sempre vigilantes, basta lembrarmo-nos da narrativa de André Luiz citada anteriormente quando retornou ao mundo espiritual.

Morrer é fácil porque se esgota a energia vital e o corpo encerra as suas condições de vida orgânica, mas continuar a viver é tarefa muito complicada em virtude de nosso comportamento enquanto encarnados.

124) Vamos ser um pouco mais específicos: aquele que fuma, mesmo sabendo dos malefícios do cigarro, como aquele que ingere a bebida alcoólica também sabendo de suas consequências, cometem,

PELO QUE FOI EXPOSTO ANTERIORMENTE, UM TIPO GRAVE DE SUICÍDIO?

Sim. Talvez até mais do que aquele que comete esse ato num momento de desespero no qual não tenha o devido tempo para raciocinar.

Hoje em dia quem não sabe que o cigarro e a bebida são causadores de doenças que podem ser mortais? A imprensa divulga exaustivamente os conhecimentos atuais sobre o álcool e o fumo.

Os alcoolistas e os fumantes têm tempo de parar. É diferente do ato desesperado daquele que comete o suicídio num momento em que sua angústia atinge o máximo de constrangimento moral.

Isso sem comentar a utilização das drogas ilícitas, que matam o corpo e o espírito moralmente falando.

As leis são perfeitas. Não devemos ter a ilusão de apresentar desculpas, no outro lado da vida, que aqui na Terra, às vezes, funcionam parcial e temporariamente.

125) AQUELE QUE INDUZ OUTREM A COMETER O SUICÍDIO, SEJA POR QUAL MOTIVO FOR, RESPONDERÁ COMO CULPADO PELO ATO TAMBÉM?

Nem poderia deixar de ser assim. Quando uma pessoa se transforma em indutora de outra levando-a a cometer o suicídio, responderá perante as leis de Deus como homicida!

Como dizia Albert Einstein, Deus não joga dados, ou seja, nada foi feito de improviso como obra do acaso. Uma perfeição absoluta que nos foge até mesmo de imaginar deu origem ao Universo. Não somos brinquedos de Deus e não fomos criados para brincar!

Estamos em marcha evolutiva para um destino esplendoroso, maior do que a nossa imaginação possa conceber e essa perfeição não deixa passar nada em branco, ou seja, não existe semeadura sem a devida colheita.

O dia em que entendermos tal realidade de maneira maior e melhor, investiremos todas as nossas forças no bem e lutaremos com todas as nossas forças contra o mal, representado pelas imperfeições que ainda trazemos arraigadas dentro de nós mesmos como a razão de todo o nosso sofrimento.

Por isso, aquele que induz o seu semelhante ao ato extremo de dar cabo da própria vida, imediatamente está inscrito no Código da Justiça Divina para a devida reparação, decorra quanto tempo isso levar.

> Não cuideis que vim destruir a lei ou os profetas: não vim ab-rogar, mas cumprir. Porque em verdade vos digo que, até que o céu e a terra passem, nem um jota ou um til se omitirá da lei, sem que tudo seja cumprido.

Será que é preciso acrescentar mais alguma coisa para entendermos melhor que a vida é uma coisa muito grandiosa e séria?

126) ABORDAMOS ATÉ AGORA VÁRIOS ÂNGULOS DO SUICÍDIO. VAMOS FALAR NOS MEIOS DE COMBATÊ-LO?

Creio que a maior arma que temos contra o suicídio é adquirirmos de uma vez por todas a certeza da imortalidade.

Quando tudo está bem em nossa atual existência, quando o dinheiro não falta, quando o lar está em paz, quando a saúde está sólida, quando os filhos não nos dão maiores preocupações – são essas situações que nos convidam a analisar a condição transitória que temos no mundo material e concluirmos se tudo está bem ou não.

Ocorre, entretanto, que quando tudo transcorre sem problemas, adormecemos sobre o aspecto espiritual da existência. Como que nos esquecemos do fato de sermos espíritos imortais em trânsito breve pela escola da Terra. E é exatamente dessa condição que deveríamos nos valer para analisar e meditar mais profundamente quem somos, de onde viemos e para aonde iremos!

Infelizmente, procedemos de maneira contrária. Quando os problemas chegam, quando os obstáculos se levantam, quando as dores das expiações batem à nossa porta é que nos dispomos a raciocinar sobre a nossa fé. São nessas situações que buscamos entender a Providência Divina.

Ocorre que, quando os problemas nos alcançam, estamos sem a paz interior que não foi conquistada no tempo da calmaria. Aí bate o desespero, a incompreensão sobre os acontecimentos que estão nos atingindo e, nesse estado de ânimo abalado, para mergulharmos na revolta é um passo muito curto.

Da revolta poderemos receber o convite para a saída enganosa do suicídio.

Por isso, achamos que o melhor meio de combater tal pensamento desastroso, sob todos os aspectos, é a prática do bem, que nos aproxima de Deus e dos amigos espirituais dando a eles as condições de nos ajudarem.

Não irão retirar de nossos ombros a cruz que construímos, mas vão ajudar para que a carreguemos sem revolta, continuando a produzir no bem tanto mais quanto mais nos sentirmos necessitados de ajuda.

Agora, a pessoa que navega por águas calmas e não dedica nenhuma cota do seu tempo em favor do próximo ou na meditação sobre a transitoriedade da vida, procurando entender que essa mesma vida nunca se acaba, quando diante de fatos graves da existência sente-se perdida, deserdada pela Providência Divina e é uma candidata séria a sofrer influências negativas que sugiram a solução de tudo por meio do suicídio.

A própria Yvonne é um exemplo disso na sua existência no século XIX quando praticou o suicídio pela segunda vez.

Quanto não foi convidada pelo pai amoroso a dedicar-se aos necessitados do hospital de beneficência que ele mantinha?

Quanto não foi convidada pelo pai a ler os livros espíritas que tinha em sua biblioteca? Entretanto, ela só tinha tempo e olhos para os prazeres da vida material. Quando a tragédia se abateu sobre ela na pessoa do esposo amado e da filha querida, ela não teve forças para voltar-se para Deus e buscou na saída falsa do suicídio a solução jamais encontrada nessa opção.

Também por estar distante do Criador e dos aspectos espirituais da existência é que se tornou presa mais fácil do obsessor que alimentava a ideia para que ela se matasse.

Quem tem a certeza da continuação da vida entende de maneira definitiva que extinguir o corpo é dar continuidade a si mesmo como espírito imortal, com o débito tremendamente aumentado perante a própria consciência.

Destaque-se que o espírita tem ainda para auxiliá-lo todos os ensinamentos dessa doutrina maravilhosa que revela o além-túmulo de maneira a não deixar dúvidas de como deve agir enquanto no corpo, para não enfrentar as surpresas desagradáveis em seu retorno para a dimensão espiritual da vida.

Contudo, o espírita não deve jamais se esquecer de que mais se pedirá a quem mais tiver sido dado!

127) A PRÓPRIA DOUTRINA ESPÍRITA NOS FALA DO RETORNO DE SUICIDAS EM CORPO DEFORMADO. COM YVONNE NÃO ACONTECEU ESSE FATO, COMO NOS NARRAM AS OBRAS PSICOGRAFADAS POR ELA. COMO ENTENDER ESSA DIFERENÇA EM RELAÇÃO À *FILHA DE CHARLES*?

Será que o sofrimento moral, emocional, é menor do que um defeito físico? A pessoa que sofre no seu íntimo a ausência dos seres amados como ela, estaria em situação mais amena, menos dolorosa do que se fosse vítima de uma deformidade física?

Veja bem: se analisarmos sua última encarnação no século XX, ela vivia num sofrimento muito grande porque via os seres amados como espíritos imortais. Muitas vezes convivia com eles nos seus desdobramentos espirituais, mas tinha que retornar ao corpo físico, o que representava para ela um sacrifício considerável.

Já imaginou o conflito da menina quando não reconhecia o pai da atual existência e era severamente advertida por ele a ponto de ter que morar com a avó paterna?

Já imaginou os sofrimentos ao lembrar-se com nitidez das roupas que usava no século XIX comparadas com as vestes simples da atual existência do século XX?

Sofria quando se lembrava dos passeios de carruagem luxuosa do seu pai Charles, por locais belíssimos de outros países, enquanto agora nascera num lugar ermo e inexpressivo.

Talvez lembrasse até mesmo dos alimentos sofisticados da existência passada em comparação com a alimentação simples da vida atual.

Isso tudo são sofrimentos que doem profundamente na alma que tem a consciência de tais fatos.

Não é somente por meio do aleijão físico ou mental que se sofre. A própria consciência de ter sido uma suicida por duas vezes representava um peso enorme que tinha que suportar.

Yvonne veio com um corpo saudável exatamente para ter a enxada necessária à sua tarefa mediúnica de socorrer os aflitos encarnados e desencarnados.

De que adiantaria ter vindo portadora de uma deficiência física ou mental e nada conseguir produzir para o próximo?

Como diz o profeta Ezequiel, Deus não quer a morte do ímpio, mas sim que ele se regenere e viva. E foi isso que aconteceu a ela. Renasceu em um corpo são, mas com uma imensa tarefa a ser desenvolvida em favor dos outros e que redundou em bênçãos para ela mesma.

Se você achou pouco, vamos a outro episódio da vida dela ocorrido, aproximadamente, aos 42 anos de idade.

Yvonne ficou dois meses num estado de coma cuja causa não foi diagnosticada por nenhum médico naquela data.

Ela não comia, não falava, envolvida em sono intenso.

Mas se isso ocorria com o lado material da existência, na vida espiritual sua atividade era intensa e lhe provocava muito sofrimento.

Revia-se em Lisboa, Madrid e França onde vivera no século XIX. Experimentava dores atrozes ao reviver a morte da filha e do marido por culpa do abandono em que ela os deixara para viver suas aventuras num grupo musical que percorria várias cidades em busca da fama.

Ia ao cemitério e contemplava os túmulos dos seres amados e debruçava-se sobre os túmulos dos entes queridos.

Também se lembrava que seu corpo tinha sido sepultado em uma vala comum, já que como suicida não tinha o direito de utilizar uma sepultura com a filha e o marido. Naquela época o suicida era discriminado até a esse ponto.

Pior do que tudo isso foi reviver os detalhes do seu próprio suicídio buscando a saída enganosa para o seu martírio naquele tempo.

Relembrou o sofrimento do pai amado pedindo que ela tivesse paciência. Que ela confiasse em Deus.

Lembrou-se de Charles propondo uma viagem para outros países onde ela pudesse encontrar forças para superar aquele momento cruel da sua existência. Mas não ouviu o pai amado e planejou o suicídio.

Reviveu o ato de jogar-se no rio Tejo. Os peixes atacando seu corpo físico. Os pescadores retirando daquelas águas seu corpo nu, já que as roupas haviam sido destruídas e seu corpo ficara exposto à curiosidade e execração pública.

Reviveu os expectadores que contemplavam o cadáver nesse estado. O desespero do pai ao lado do seu cadáver, ao mesmo tempo em que pedia a ele que a levasse para casa novamente.

Depois se viu sequestrada por espíritos das trevas e ser levada para locais terríveis do vale dos suicidas em cavernas semelhantes a crateras de vulcão extinto. As torturas intermináveis por meio de entidades das trevas voltadas para o mal. O convite para participar do grupo de torturadores como condição para ser libertada.

Podemos dizer que viveu nesses dois meses um pesadelo sem fim.

Talvez essa fosse uma forma de alertá-la sobre os riscos do suicídio.

O que você acha? Que esse sofrimento todo não foi uma consequência profundamente dolorosa do suicídio cometido?

Como dosar se o corpo portando um aleijão físico ou uma deficiência mental seria um método mais seguro para educar o espírito de um suicida?

Como aceitar que Yvonne não sofreu as consequências desse ato de existências anteriores apenas porque voltou com um corpo normal para poder trabalhar intensamente no bem como trabalhou?

A Providência Divina tem vários meios de dar a cada um segundo as suas obras.

128) Outra dúvida: ensina a doutrina espírita que o suicida retorna e vive apenas o número de anos que faltou completar na existência em que cometeu o suicídio. Yvonne viveu até quase os 84 anos! Como se explica esse tempo prolongado dessa existência se na vida anterior se suicidou?

Interessante essa sua observação, mas tudo se explica dentro de uma lógica irrepreensível.

Durante esses dois meses em que Yvonne ficou numa espécie de coma que os médicos da Terra não conseguiam explicar e nem medicar, já que nada encontravam na parte física do seu corpo, os médicos da espiritualidade trabalhavam intensamente.

Lembra-se de dom Carlos de Canallejas, o médico humanitário que colaborava com o pai de Leila no atendimento aos enfermos no hospital beneficente mantido por dom Ramiro em Madrid e em Lisboa? Inclusive foi no braço de dom Carlos que Nina expirou naquela reencarnação.

Pois bem. Esse espírito continuou após a sua desencarnação a trabalhar como médico no plano dos espíritos e foi exatamente ele quem medicou Yvonne enquanto ela esteve isolada do mundo material durante aqueles meses.

Ela relata no livro *Recordações da mediunidade* que se lembrava de tomar determinadas medicações recomendadas no plano espiritual com uma característica interessante.

Ela era trazida em espírito próxima do corpo físico inerte e nesse local ingeria a medicação. O quarto em que estava seu corpo envolto em penumbra, nesse instante ficava todo iluminado.

Conta também Yvonne no mesmo livro, que sofreu cirurgia no plano espiritual na região do seu coração. Tinha a sensação de que emendavam determinadas regiões do seu períspírito que teriam sido danificadas pelas experiências vivenciadas até então.

Lembrava-se do médico Carlos de Canallejas ensinando a outros espíritos aprendizes o que se passava naquela região cardíaca e o que era necessário realizar para reparar os danos.

Você perguntou como Yvonne viveu tanto na sua última existência como suicida. Creio estar em todo esse cuidado que os espíritos amigos se dedicaram a explicação para proporcionar ao corpo dela uma moratória devido aos méritos que conquistou até esse período dos primeiros 42 anos da vida material.

O socorro que o plano espiritual ministrou a ela no estado de coma, reparava o perispírito que transmitiu ao corpo material condições de se manter encarnado por quase mais o dobro de tempo, já que ela desencarnou próximo dos oitenta e quatro anos.

Não sei se posso afirmar, mas em minha opinião os espíritos fizeram o mesmo com Chico Xavier para que ele atingisse seus noventa e dois anos de vida, apesar de todos os problemas de doença que vitimaram seu corpo físico.

Também não sei se estou sendo ousado, mas creio que o mesmo se passa com esse apóstolo da doutrina espírita, Divaldo Pereira Franco que com noventa anos de vida física, consegue divulgar o espiritismo em outros países, enfrentando cansativas viagens aéreas com o problema de fuso horário, que impõe um período de recuperação ao corpo físico, principalmente na idade dele.

Isso sem considerar todos os outros percalços que envolvem uma viagem para outros países.

Só mesmo com o auxílio dos recursos da medicina do espaço revigorando o veículo carnal por meio de energias transmitidas ao perispírito e desse para o corpo material é que conseguimos entender tanta vitalidade colocada a serviço da divulgação da doutrina espírita.

129) MAIS UM ESCLARECIMENTO: COMO CONSEGUIU EM APENAS UMA EXISTÊNCIA SE CORRIGIR DE DOIS SUICÍDIOS?! SE TINHA TODA ESSA FORÇA, POR QUE NÃO EVITOU SUICIDAR-SE NAS EXISTÊNCIAS ANTERIORES?

Se você se recordar das reencarnações reveladas de Yvonne, ela sempre demonstrou ser um espírito muito forte, determinado, com garra, disposta a batalhar por aquilo que se tornava o seu objetivo maior. Estava *apenas* em rumo errado, optando pelas vitórias do mundo e ignorando as vitórias perenes do plano espiritual. Quando se convenceu das bem-aventuranças da imortalidade, direcionou toda essa determinação para atingir esse objetivo.

Contribuiu para esse despertar os intensos sofrimentos que teve de enfrentar no plano espiritual após o ato lamentável do suicídio, quando se viu entregue a dores atrozes nas mãos de espíritos que dominavam o vale dos suicidas.

Colaborou também o apoio das entidades amigas, em especial o espírito *Charles*, que é o nosso príncipe Sakaran, que evoluiu muito desde o século I da era cristã e passou a amar Yvonne como um pai desvelado ama os seus filhos.

Menezes, Bitencourt Sampaio, Léon Tolstói, Frederic Chopin, e o seu amado Roberto de Canallejas.

Evidentemente que os espíritos nos auxiliam, orientando-nos, sem, contudo, realizar a cota de trabalho que nos cabe executar. Por isso mesmo, o mérito do sucesso no final cabe a Yvonne, que soube utilizar de todo esse apoio trabalhando em favor dos seus semelhantes.

Poderíamos tomar como exemplo Saulo de Tarso. Perseguiu com tenacidade os cristãos por entender que eles estavam contra Moisés, o maior dos profetas. Quando tomou conhecimento do que era o cristianismo, transferiu toda a força de Saulo para Paulo de Tarso, transformando-se no apóstolo dos gentios. Graças a essa determinação é que os ensinamentos de Jesus não ficaram apenas entre o povo judeu.

# FINALIZANDO

DESSA MANEIRA, ENCERRO ESSE percurso, em que, juntos, aprendemos com esse espírito que na sua última reencarnação utilizou-se do nome de Yvonne do Amaral Pereira.

Reverenciamos a sua grandeza por nos ter proporcionado esse grande ato de caridade para conosco, despindo-se de qualquer sentimento de orgulho e vaidade e concordando que através dela mesma a espiritualidade superior nos revelasse várias de suas existências com os erros nelas cometidos.

Parece uma atitude fácil esse ato de expor as mazelas espirituais de que somos portadores, mas basta lembrar como agimos e reagimos quando alguém nos aponta o mínimo defeito que temos para podermos avaliar a grandiosidade do ato de Yvonne, que nos trouxe sérias e profundas lições enquanto percorremos nossa estrada evolutiva.

Alerta principalmente quanto à inutilidade do suicídio, já que estamos *condenados* a viver para sempre desde o momento em que fomos criados por Deus.

Lições sobre a lei infalível da semeadura e colheita em cumprimento ao aviso de Jesus de que a cada um seria dado segundo as suas obras.

Sabedoria para amarmos no devido tempo àqueles que nos cercam, evitando dar origem a um inimigo que irá nos buscar para cobrar as injúrias que num momento de orgulho ou vaidade exacerbada não empregamos nenhum esforço para evitar, acreditando-nos impunes perante as leis da vida.

Ensinamento de que nada adianta transferir de uma existência para a outra os compromissos que assumimos, porque a vida é semelhante a um bumerangue, fazendo retornar a cada um aquilo que lhe cumpre realizar.

Trouxe-nos também a certeza de que sempre é tempo para retificar os desvios do caminho e reconciliar-se com a própria consciência, entrando na paz daqueles que conseguem entender a brevidade da vida física e a grandeza da imortalidade na qual estamos mergulhados.

Hoje, ela, redimida perante a sua própria consciência, participa do socorro aos suicidas como mais uma servidora de nossa Mãe Santíssima, Maria de Nazareth, após realizar o *triunfo de uma alma*!

**FIM**
**Ricardo Orestes Forni**
**Tupã, inverno de 2017.**

# BIBLIOGRAFIA

Camilo, Pedro. *Yvonne Pereira, uma heroína silenciosa.* Bragança Paulista: Editora Lachâtre, 5ª edição, 1ª reimpressão, 2014.

Freitas, Augusto M. *O voo de uma alma.* Rio de Janeiro: Editora CELD, 2013.

_____. *Revista Reformador* de 1994, mês março.

Kardec, Allan. *Revista Espírita do ano 1860.* Brasília: FEB, 3ª edição, 2ª reimpressão, 2009.

_____. *Revista Espírita do ano de 1858.* Brasília: FEB, 4ª edição, 2ª reimpressão, 2009.

_____. *Revista Espírita do ano de 1862.* Brasília: FEB, 3ª edição, 2ª reimpressão, 2009.

Macedo, Denise C. *Leila, a filha de Charles.* Capivari: Editora EME, 1ª edição, 2016.

Pereira, Yvonne A. *Nas voragens do pecado.* Brasília: FEB, 12ª edição, 2ª impressão, 2014.

_____. *O cavaleiro de Numiers.* Brasília: FEB, 11ª edição, 2ª impressão, 2015.

_____. *O drama da Bretanha.* Brasília: FEB, 11ª edição, 3ª impressão, 2015.

_____. *Sublimação*. Brasília: FEB, 7ª edição, 1ª impressão, 2013.
_____. *Um caso de reencarnação*. Rio de Janeiro: Editora Lorenz, 8ª edição, 2014.

# VOCÊ PRECISA CONHECER

### Leila, a filha de Charles
Denise Corrêa de Macedo • Arnold de Numiers (espírito)
Romance mediúnico • 16x22,5 cm • 272pp.

A história de Leila, arrebatadora e emocionante, revela todo o drama vivenciado por aqueles que se entregam ao suicídio, seja de forma consciente ou inconsciente, fugindo da vida e das responsabilidades assumidas, julgando assim se livrar de suas dores e sofrimentos.

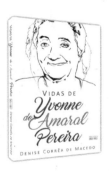

### Vidas de Yvonne do Amaral Pereira
Denise Corrêa de Macedo
Biografia romanceada • 16x22,5 cm • 160pp.

É muito emocionante viajar pela inúmeras encarnações de Yvonne do Amaral Pereira. Envolvemo-nos de tal forma em suas experiências que parece estarmos presentes, vivendo os fatos narrados. Conhecer essas encarnações é ao mesmo tempo um estímulo e um consolo, pois percebemos que ao lado de uma grande dor sempre encontraremos um grande apoio, com Deus..

### Victor Hugo e seus fantasmas
Eduardo Carvalho Monteiro
Biografia • 14x21 cm • 152pp.

A grande expressão do romantismo francês, Victor Hugo, é aqui biografado, principalmente na sua condição de espírita convicto, um homem de gênio, que serviu-se da mediunidade do filho para travar intensos debates com espíritos de alta evolução.

# VOCÊ PRECISA CONHECER

### Razões para uma vida melhor
Ricardo Orestes Forni
Autoajuda • 14x21 cm • 184pp.

Com fatos e histórias, na maioria das vezes tiradas da vida real, Ricardo Orestes Forni nos apresenta em cada capítulo deste seu livro inúmeras razões para se viver melhor. Personagens reais que sobreviveram a grandes tragédias exemplificam a todos nós atitudes corajosas e nos dão provas de grande superação.

### O homem que conversou com os espíritos
Geziel Andrade
Doutrinário • 16x23 cm • 256pp.

Por meio de pesquisa em mais de 25 livros e na coleção completa da Revista Espírita de Allan Kardec, o autor apresenta um passeio instrutivo pelos fatos que marcaram a vida e a obra do codificador, além de um exame dos princípios essenciais do espiritismo, em seu tríplice aspecto, e da sua contribuição para a transformação moral dos seres humanos.

### O homem que mudou a História
Geziel Andrade
Doutrinário • 16x23 cm • 264pp.

O autor expõe o que de mais belo encontrou sobre a figura única e inesquecível de Jesus, trazendo os ensinamentos e exemplos deixados por ele a respeito de importantes assuntos. Um roteiro seguro que, se colocado em prática no cotidiano, auxiliará significativamente no caminho do crescimento interior.

# VOCÊ PRECISA CONHECER

### O amor está entre nós
Luiz Gonzaga Pinheiro
Biografia • 14x21 cm • 168pp.

Existe amor em cada um de nós e através do autoconhecimento saberemos o potencial desse amor, conheceremos os variados sentimentos e emoções ainda embrionários buscando espaço para agigantarem-se. Este livro procura mostrar e exaltar a nobreza humana.

### Getúlio Vargas em dois mundos
Wanda A. Canutti • Eça de Queirós (espírito)
Romance mediúnico • 16x22,5 cm • 344pp.

Getúlio Vargas realmente suicidou-se? Como foi sua recepção no mundo espiritual? Qual o conteúdo da nova carta à nação, escrita após sua desencarnação? Saiba as respostas para estas e outras perguntas, agora em uma nova edição, com nova capa, novo formato e novo projeto gráfico.

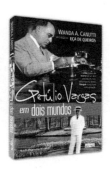

### Mentores de André Luiz
Isabel Scoqui
Biografia romanceada • 14x21 cm • 280pp.

Esta obra reúne rico material para estudo e reflexão, evidenciando a importância do trabalho dos mentores espirituais, que estão sempre trabalhando em benefício do próximo, pelo simples prazer de servir.

# VOCÊ PRECISA CONHECER

### Marechal Ewerton Quadros
Eduardo Carvalho Monteiro
Biografia • 14x21 cm • 192pp.

Muitos são os que não sabem quem foi o Marechal Ewerton Quadros. No entanto, a falta de reconhecimento à menção de seu nome em nada diminui a importância de seu trabalho na seara espírita. Primeiro presidente da Federação Espírita (FEB), participou ativamente de sua fundação. Sua história de vida confunde-se com a dos primórdios do espiritismo no Brasil.

### Vidas - memórias e amizades
Wilson Garcia
Biografia • 16x23 cm • 200pp.

FEste é um livro que fala de vidas e dos conflitos que permeiam as relações humanas e a intimidade dos seres. Wilson Garcia recorda fatos e amizades. Visita o passado, relembrando as personalidades de Aluysio Palhares, Antonio Lucena, Ary Lex, Carlos Jordão da Silva, Deolindo Amorim, Eduardo Carvalho Monteiro, Hamilton Saraiva, Hélio Rossi, Jorge Rizzini, Paulo Alves Godoy e Valentim Lorenzetti.

### Os animais na obra de Deus
Geziel Andrade
Estudo • 14x21 cm • 272pp.

Geziel reuniu aqui o pensamento de diversos sábios (tanto de pensadores de nosso mundo quanto dos espíritos que auxiliaram Allan Kardec nas obras da codificação) acerca da evolução contínua e incessante na obra de Deus.

---

*Não encontrando os livros da EME na livraria de sua preferência, solicite o endereço de nosso distribuidor mais próximo de você através de*
*Fones: (19) 3491-7000 / 3491-5449*
*(claro) 99317-2800 (vivo) 99983-2575* 🟢
*E-mail: vendas@editoraeme.com.br – Site: www.editoraeme.com.br*